中国科协碳达峰碳中和系列丛书

铁路低碳发展
导论

卢春房 ◎ 主编

张建平　梁　栋 ◎ 执行主编

中国科学技术出版社
·北京·

图书在版编目（CIP）数据

铁路低碳发展导论 / 卢春房主编；张建平，梁栋执行主编 . -- 北京：中国科学技术出版社，2023.8
（中国科协碳达峰碳中和系列丛书）
ISBN 978-7-5236-0274-4

Ⅰ. ①铁… Ⅱ. ①卢… ②张… ③梁… Ⅲ. ①铁路运输 – 低碳经济 – 研究 – 中国 Ⅳ. ① F532

中国国家版本馆 CIP 数据核字（2023）第 115949 号

策　　划	刘兴平　秦德继	
责任编辑	何红哲	
封面设计	北京潜龙	
正文设计	中文天地	
责任校对	焦　宁	
责任印制	李晓霖	

出　　版	中国科学技术出版社
发　　行	中国科学技术出版社有限公司发行部
地　　址	北京市海淀区中关村南大街 16 号
邮　　编	100081
发行电话	010-62173865
传　　真	010-62173081
网　　址	http://www.cspbooks.com.cn

开　　本	787mm×1092mm　1/16
字　　数	183 千字
印　　张	9.75
版　　次	2023 年 8 月第 1 版
印　　次	2023 年 8 月第 1 次印刷
印　　刷	北京顶佳世纪印刷有限公司
书　　号	ISBN 978-7-5236-0274-4 / F・1163
定　　价	59.00 元

（凡购买本社图书，如有缺页、倒页、脱页者，本社发行部负责调换）

"中国科协碳达峰碳中和系列丛书"
编委会

主任委员

张玉卓　　中国工程院院士，国务院国资委党委书记、主任

委　　员（按姓氏笔画排序）

王金南　　中国工程院院士，生态环境部环境规划院院长
王秋良　　中国科学院院士，中国科学院电工研究所研究员
史玉波　　中国能源研究会理事长，教授级高级工程师
刘　峰　　中国煤炭学会理事长，教授级高级工程师
刘正东　　中国工程院院士，中国钢研科技集团有限公司副总工程师
江　亿　　中国工程院院士，清华大学建筑学院教授
杜祥琬　　中国工程院院士，中国工程院原副院长，中国工程物理研究院研究员、高级科学顾问
张　野　　中国水力发电工程学会理事长，教授级高级工程师
张守攻　　中国工程院院士，中国林业科学研究院原院长
舒印彪　　中国工程院院士，中国电机工程学会理事长，第 36 届国际电工委员会主席
谢建新　　中国工程院院士，北京科技大学教授，中国材料研究学会常务副理事长
戴厚良　　中国工程院院士，中国石油天然气集团有限公司董事长、党组书记，中国化工学会理事长

《铁路低碳发展导论》
编 写 组

组　　长
卢春房　　中国铁道学会理事长，中国工程院院士

成　　员（按姓氏笔画排序）
李迎九　　中国国家铁路集团有限公司发展和改革部主任、正高级工程师
杨忠民　　中国铁路经济规划研究院有限公司董事长、正高级工程师
罗庆中　　中国铁道科学研究院集团有限公司副总经理、研究员
郑深源　　中国铁道学会副秘书长、正高级工程师

主　　编
卢春房　　中国铁道学会理事长，中国工程院院士

执行主编
张建平　　中国铁道学会计划统计委员会副主任委员、高级工程师
梁　栋　　中国铁路经济规划研究院有限公司运输研究所所长、研究员

写作组主要成员
刘　畅　　曹孙喆　　秦宝来　　王　龙　　金方磊　　曹　键　　步青松
曹宇静　　满朝翰　　于沏民　　谢汉生　　马　龙　　王永泽　　江　涛
刘亚和　　刘雅茹　　白占雄　　王斯蒙　　翟　倩　　李　艳　　孙永强
张　维　　唐家友　　杨雪淞　　周　璐　　金旭炜　　李　飞

总　序

中国政府矢志不渝地坚持创新驱动、生态优先、绿色低碳的发展导向。2020年9月，习近平主席在第七十五届联合国大会上郑重宣布，中国"二氧化碳排放力争于2030年前达到峰值，努力争取2060年前实现碳中和"。2022年10月，党的二十大报告在全面建成社会主义现代化强国"两步走"目标中明确提出，到2035年，要广泛形成绿色生产生活方式，碳排放达峰后稳中有降，生态环境根本好转，美丽中国目标基本实现。这是中国高质量发展的内在要求，也是中国对国际社会的庄严承诺。

"双碳"战略是以习近平同志为核心的党中央统筹国内国际两个大局作出的重大决策，是我国加快发展方式绿色转型、促进人与自然和谐共生的需要，是破解资源环境约束、实现可持续发展的需要，是顺应技术进步趋势、推动经济结构转型升级的需要，也是主动担当大国责任、推动构建人类命运共同体的需要。"双碳"战略事关全局、内涵丰富，必将引发一场广泛而深刻的经济社会系统性变革。

2022年3月，国家发布《氢能产业发展中长期规划（2021—2035年）》，确立了氢能作为未来国家能源体系组成部分的战略定位，为氢能在交通、电力、工业、储能等领域的规模化综合应用明确了方向。氢能和电力在众多一次能源转化、传输与融合交互中的能源载体作用日益强化，以汽车、轨道交通为代表的交通领域正在加速电动化、智能化、低碳化融合发展的进程，石化、冶金、建筑、制冷等传统行业逐步加快绿色转型步伐，国际主要经济体更加重视减碳政策制定和碳汇市场培育。

为全面落实"双碳"战略的有关部署，充分发挥科协系统的人才、组织优势，助力相关学科建设和人才培养，服务经济社会高质量发展，中国科协组织相关全国学会，组建了由各行业、各领域院士专家参与的编委会，以及由相关领域一线科研教育专家和编辑出版工作者组成的编写团队，编撰"双碳"系列丛书。

丛书将服务于高等院校教师和相关领域科技工作者教育培训，并为"双碳"战略的政策制定、科技创新和产业发展提供参考。

"双碳"系列丛书内容涵盖了全球气候变化、能源、交通、钢铁与有色金属、石化与化工、建筑建材、碳汇与碳中和等多个科技领域和产业门类，对实现"双碳"目标的技术创新和产业应用进行了系统介绍，分析了各行业面临的重大任务和严峻挑战，设计了实现"双碳"目标的战略路径和技术路线，展望了关键技术的发展趋势和应用前景，并提出了相应政策建议。丛书充分展示了各领域关于"双碳"研究的最新成果和前沿进展，凝结了院士专家和广大科技工作者的智慧，具有较高的战略性、前瞻性、权威性、系统性、学术性和科普性。

2022年5月，中国科协推出首批3本图书，得到社会广泛认可。本次又推出第二批共13本图书，分别邀请知名院士专家担任主编，由相关全国学会和单位牵头组织编写，系统总结了相关领域的创新、探索和实践，呼应了"双碳"战略要求。参与编写的各位院士专家以科学家一以贯之的严谨治学之风，深入研究落实"双碳"目标实现过程中面临的新形势与新挑战，客观分析不同技术观点与技术路线。在此，衷心感谢为图书组织编撰工作作出贡献的院士专家、科研人员和编辑工作者。

期待"双碳"系列丛书的编撰、发布和应用，能够助力"双碳"人才培养，引领广大科技工作者协力推动绿色低碳重大科技创新和推广应用，为实施人才强国战略、实现"双碳"目标、全面建设社会主义现代化国家作出贡献。

中国科协主席　万　钢

2023年5月

前言

交通运输作为国民经济和社会发展的基础产业和服务行业，在国家经济和社会发展中具有重要作用。持续推进交通低碳发展，以最小的土地、能源等资源占用和最小的环境污染代价提供运输服务，实现以尽可能低的资源消耗和环境成本支撑国民经济和社会发展，推动交通与资源、环境的协调发展。

力争2030年前实现碳达峰、2060年前实现碳中和是党中央统筹国内国际两个大局作出的重大战略决策。深入推进铁路低碳发展，对促进交通运输低碳发展、实现"双碳"战略目标具有重要意义。铁路在节约土地、能源及环境保护方面具有明显优势。推进交通低碳发展需要发挥铁路的环境友好型、资源节约型运输方式的作用，使其在综合交通运输体系中发挥骨干作用，在充分满足运输需求的同时，可以通过对高耗能、高排放运输方式的替代，使综合交通运输体系结构更加合理。

为全面落实党中央、国务院关于"双碳"工作有关要求，在中国科学技术协会的部署下，中国铁道学会于2022年开始组织"中国科协碳达峰碳中和系列丛书"之《铁路低碳发展导论》的编写工作，以助力"双碳"相关专业建设和教育培训，并为铁路"双碳"工作的政策制定、科学研究和产业发展提供参考。

全书共分为6章。第1章概述铁路低碳发展的内涵、发展历程和重要意义，第2章介绍我国铁路低碳发展的现状，第3章阐述铁路低碳发展的路径，第4章系统介绍铁路低碳发展的关键技术，第5章阐述铁路低碳发展的支撑保障能力，第6章展望铁路低碳发展前景。

本书主编为中国工程院院士卢春房，执行主编为张建平、梁栋。第1章由曹孙喆、曹键统筹编写；第2章由曹孙喆、于汭民、王龙、白占雄统筹编写；第3章由刘畅、满朝翰、白占雄统筹编写；第4章由满朝翰、于汭民、刘畅、白占雄、张维、李飞统筹编写；第5章由王龙、金方磊、曹孙喆统筹编写；第6章由王龙、刘畅、满朝翰、曹孙喆统筹编写。中国国家铁路集团有限公司发展和改革部李敬伟、赵长江、孟凡强，中国铁路经济规划研究院有限公司郭树东等对本书的编写给予了指导和大力支持。中国铁道学会计划统计委员会江涛、刘亚和、刘雅茹参与了本书编写的讨论和修改工作。此外，国家发展和改革委员会经济体制与管理研究所史立新、北京交通大学宋国华、中国铁道科学研究院集团有限公司杨磊等专家参加了本书部分章节的编写和修改工作，在此谨向他们表示衷心的感谢！

由于能力和时间所限，书中难免有局限和不足之处，敬请广大读者批评指正。

编者

2023 年 5 月

目 录

总 序 ....万 钢

前 言 ....编 者

第 1 章　铁路低碳发展概述　001
1.1　铁路低碳发展概况 ··001
1.2　铁路低碳发展的历程 ···006
1.3　铁路低碳发展的重要意义 ··017
1.4　本章小结 ··019

第 2 章　我国铁路低碳发展现状　021
2.1　铁路低碳发展实施现状 ··021
2.2　铁路节能减碳状况 ··036
2.3　铁路对交通运输体系节能降碳的重要作用 ·····················046
2.4　本章小结 ··048

第 3 章　铁路低碳发展的路径　051
3.1　铁路低碳发展的主要领域和潜力 ··································051
3.2　铁路低碳发展的实施路径 ··060
3.3　本章小结 ··063

第4章　铁路低碳发展的关键技术 　065
　　4.1　运输经营低碳化技术 　065
　　4.2　运输装备低碳化技术 　080
　　4.3　基础设施低碳化技术 　095
　　4.4　本章小结 　118

第5章　铁路低碳发展的支撑保障能力 　121
　　5.1　提高运输结构优化调整承接能力 　121
　　5.2　推进市场化机制 　123
　　5.3　加强政策支持 　133
　　5.4　本章小结 　136

第6章　铁路低碳发展展望 　138
　　6.1　低碳铁路设施展望 　138
　　6.2　低碳铁路装备展望 　139
　　6.3　低碳铁路经营展望 　140
　　6.4　本章小结 　141

第1章 铁路低碳发展概述

交通运输业是仅次于工业、建筑业的第三大碳排放领域。铁路是国民经济大动脉、重大民生工程和综合交通运输体系骨干，作为运力大、成本低、能耗小、碳排放少、可靠性高、安全性好的绿色运输方式，其对推动交通运输绿色化发展、低碳化转型发挥着重要作用，对实现"双碳"目标具有重要的战略意义。

1.1 铁路低碳发展概况

1.1.1 气候变化与低碳化发展

一提到"碳"，人们就会联想到气候变化。研究表明，温室效应是导致气候变化的重要原因，而人类活动产生的温室气体排放则是增强温室效应的主要因素。那么，温室气体包括什么？为什么把温室气体归结为"碳"？

1997年，《联合国气候变化框架公约》第三次缔约方会议通过的《京都议定书》中明确了6种温室气体，包括二氧化碳、甲烷、氧化亚氮、氢氟碳化物、全氟化碳和六氟化硫；2012年，又将三氟化氮纳入其中。人类活动产生的温室气体主要是二氧化碳，根据世界资源研究所（WRI）2019年数据，二氧化碳约占温室气体排放的3/4，因此就把"碳"当作温室气体的代表。低碳，通俗地说，就是在人类活动中既要减少温室气体排放，同时还要增加"碳汇"，通过植树造林、植被恢复等措施更多地吸收大气中的二氧化碳。

不同温室气体产生的温室效应程度有较大差异，通常用全球变暖潜能值（GWP）反映这种差异。由于温室气体中的二氧化碳最多，因此选择其作为参考气体。通常设定二氧化碳的全球变暖潜能值为1，其余温室气体与二氧化碳的比值作为该气体的全球变暖潜能值。温室气体对气候影响是全球性的，并且在大气中存留时间很长，因此影响也是长期的。全球变暖潜能值也可用来评价某种温室气体在未来一定时间内的破坏力，通常以20年、100年、500年来衡量。表1.1显示，破坏力最强的温室气体是六氟化硫，20年全球变暖潜能值达到16300，500年全球变暖潜能值达到32600。尽管二氧化碳产生的全球变暖潜能值最低，但由于量大且存留时间长达200年以上，因此仍是产生温室效应的主要因素。

表1.1 主要温室气体的全球变暖潜能值

温室气体名称	存留时间（年）	全球变暖潜能值		
		20年	100年	500年
二氧化碳	200~450	1	1	1
甲烷	12	62	23	7
氧化亚氮	114	275	296	156
氢氟碳化物	260	9400	12000	10000
全氟化碳	50000	3900	5700	8900
六氟化硫	3200	16300	22800	32600

资料来源：联合国政府间气候变化专门委员会（IPCC）。

温室气体排放主要有三大类来源：第一类是煤炭、石油和天然气等化石能源燃烧过程中释放的温室气体，主要包括二氧化碳和甲烷；第二类是生态系统中绿色植物和以绿色植物为食物或能量来源的动物在其生命周期中所释放的温室气体，包括二氧化碳、甲烷和氧化亚氮；第三类是工业生产过程释放的和人工生产制造的温室气体，主要是各种含氟气体，包括各种制冷剂、发泡剂。根据世界资源研究所的研究，温室气体排放的构成中，二氧化碳约占74%，甲烷约占17%，氧化亚氮约占6%，含氟气体约占2%。人类活动产生的温室气体主要是与化石能源相关的二氧化碳排放，其中，交通运输在最终使用（活动）化石燃料产生的温室气体排放中的占比达到16.4%（陆路运输占12.5%，航空运输占2.1%，水路运输占1.8%）。

随着经济的发展，人类活动产生的温室气体排放已经并且仍在继续导致全球变暖，进而对地球气候系统产生一系列影响。2023年，联合国政府间气候变化专门委员会发布的第六次评估综合报告《气候变化2023》指出，与1850—1900年相比，2011—2020年全球地表平均气温上升1.1℃。随着全球温室气体排放持续增加，大气、海洋、冰冻圈和生物圈发生了广泛而迅速的变化，已导致诸多极端天气和气候事件，对自然和人类造成了广泛而不利的影响。

人类对温室气体排放与气候变化的认识，经历了从科学研究到形成基本共识再到加强合作、共同应对的过程。1979年，在瑞士日内瓦召开的第一次世界气候大会上，科学家提出了大气中二氧化碳浓度增加将导致地球升温的预判。1988年，联合国环境规划署（UNEP）和世界气象组织（WMO）建立了联合国政府间气候变化专门委员会，旨在提供有关气候变化的科学技术和社会经济认知状况、气候变化原因、潜在影响和应对策略的综合评估。1992年，联合国环境与发展大会通过了《联合国气候变化框架公约》，确定了应对气候变化的国际合作基本框架。2015年年底，巴黎气候大会通过的《巴黎协定》打开了全球减排行动的新局面，确定了在21世纪内将全球平均气温较工业化前平均水平的温升控制在2℃以内，全球将尽快实现温室气体排放达峰，21世纪下半叶实现温室气体净零排放。

减少人类活动的化石能源消费和碳排放已经成为全球应对气候变化的基本共识，其根本途径就是要加快推动清洁低碳转型。交通运输是节能降碳的重点领域之一，必须加快运输结构优化调整，构建现代低碳交通运输体系。

1.1.2　现代低碳交通体系

交通运输快速发展产生大量的能源消耗和温室气体排放使交通发展与人类社会可持续发展矛盾日益突出。因此，随着低碳发展理论研究的不断深入，交通运输如何低碳发展成为人们关注的焦点，并推动了低碳交通体系的相关研究。

低碳交通理念最早可追溯至1994年，亚太经合组织在墨西哥召开大会时首次提出可持续交通的概念。近年来，有些学者做了进一步的阐述，认为低碳交通是一种以人为本的环保交通，是为了减轻交通拥挤、降低环境污染、促进社会公平而采用低污染、有利于城市环境的多元化交通工具来完成社会经济活动的协调交通运输系统，即交通与环境的协调、交通与资源的协调、交通与社会的协调、交通与发展的协调。

有学者认为，低碳交通是通达有序、安全舒适、低能耗、低污染的完整结合，主要表现为：大力发展公共交通，减少个人机动车辆的使用，尤其是减少高污染车辆的使用；提倡步行、自行车等慢行交通和公共交通；提倡使用清洁燃料和清洁车辆，减少交通污染；采取有效的交通管理策略、合适的交通技术措施，以较低的成本最大限度地实现人与物的位移等。

交通低碳化是推进交通运输高质量发展的应有之义。交通运输体系是由多种运输方式有机衔接而形成的一个整体，相关运输方式之间存在着替代关系，不同运输方式的能效及碳排放水平也有较大差异。因此，低碳交通首先强调的是体系概念，即以最小的能源资源消耗、最低的生态环境代价、最大限度地满足经济社会发展的合理交通运输需求。总体来看，主要包括以下四个方面。

（1）交通运输体系的整体结构

交通运输体系的整体结构是指铁路、公路、水运、民航等不同运输方式在客货运输中所占的比重。调整优化运输结构的一个方向，是引导旅客和货物优先选择节能环保型交通运输方式，鼓励使用公共交通工具绿色出行，通过不断提高能耗低、排放少的交通运输方式占比，降低交通运输体系整体碳排放水平。铁路与公路在"点到点"的运输中特别是中长途货物运输中有较强的替代性，铁路在能效和碳排放方面有明显的比较优势，包括我国在内的许多国家都把"公转铁"作为优化运输结构和发展低碳交通的重要手段。

（2）各种运输方式的自身能效

对每一种运输方式来说，可运用技术进步、优化运行、改善管理等手段，通过优化调整自身用能结构、减少无效运输、降低单位运输工作量能耗水平，达到降低碳排放的目的。比如铁路，可采取适宜的路网规划和线路标准，通过技术改进提升基础设施、运输装备的能源利用效率和运营管理效率，降低碳排放。

（3）不同运输方式的有效衔接

不同运输方式有各自的运输比较优势，许多情况下，完成一个全过程运输需要不同运输方式协同配合，其衔接的好坏会直接影响交通运输系统能效和碳排放水平。比如在货物运输中，多式联运就具有明显的节能降碳效果。

（4）经济社会发展环境

国家的经济社会发展阶段和政府的政策导向，如城市空间和产业布局、城市建设规划、环保和财税政策等，也会影响交通运输整体效率和节能减排。

1.1.3 铁路低碳发展的内涵

通常情况下，可以从狭义和广义两个角度来理解铁路低碳发展的内涵。狭义的内涵，是指铁路系统自身的节能降碳。广义的内涵，是站在交通运输体系视角对铁路低碳发展的全面理解，不但包括狭义的内涵，而且更突出强调铁路对交通运输结构优化和低碳发展的功效。

1.1.3.1 铁路自身的节能降碳

尽管铁路技术经济特征决定了它在低碳交通发展中具有明显的比较优势，但就其内部而言也存在节能降碳问题，必须贯彻绿色发展理念，落实国家生态文明建设发展要求，遵循铁路全生命周期低碳化发展，在规划、设计、施工、运营等阶段贯彻低碳发展理念、应用低碳技术，在节能降碳、环境保护、生态平衡、安全舒适等方面达到人与自然、人与社会的和谐，实现可持续发展目标。

（1）清洁低碳化

一是持续推进铁路能源结构优化，推进铁路电气化改造，提升铁路系统电气化水平；降低燃煤和燃油等化石类能源的消耗量，依托生产技术水平的提升，积极利用先进技术，扩大新能源和可再生能源的使用范围和比例，实现能源的可持续利用。二是提升铁路绿色低碳水平，全面贯彻绿色低碳理念，将绿色低碳理念贯穿于铁路基础设施规划、建设、运营和维护全过程，采取适宜的路网规划和线路标准，通过技术改进提升基础设施、运输装备的能源利用效率和运营管理效率，降低全生命周期能耗和碳排放。三是深化混合动力、永磁直驱、低排放柴油机等新能源新制式研究，推进动力电池、氢能、生物质能等新能源技术应用。

（2）数字智能化

一是围绕推动智能铁路升级发展，开展面向全生命周期的协同化设计、数字化制造、智能化施工、装配式建造、智能运维等技术研究。二是推进数字信息化等前沿技术与铁路绿色低碳技术的高度融合，通过数字化技术和科学管理提高各种运输方式自身的能效和碳排放水平。

（3）安全高效化

铁路运输最基本的要求就是保障行车安全，尽可能避免客货运输事故的发生。因此，保障安全就成为铁路建设和运输生产中最重要的一项工作。相应地，安全也必然是铁路低碳发展过程中最重要的任务和最基本的要求。在保障安全的前提下，大力提升铁路运输服务质量，优化客运和货运组织，引导企业规模化、集约化经营，依托科技发展，不断提高能源的使用效率和铁路整体运输效率。

1.1.3.2 铁路节能降碳替代效应

充分发挥铁路在节能降碳方面的比较优势，积极承接公路等高能耗运输方式转移的运量，进一步巩固和提升铁路在交通运输体系中的骨干作用，为构建绿色低碳交通运输体系作出更大贡献，主要体现在以下两方面。

（1）资源节约集约

铁路作为资源节约型、环境友好型的运输方式，具有大运力、全天候、快速度、集约化、高效率等特征，与公路、航空等运输方式相比，能源消耗低、污染排放少、环境治理成本小，能以较少的资源消耗完成更多的运输量。加快铁路发展，提升铁路运输能力，有利于促进交通运输与能源、土地、生态等自然资源的承载能力相协调，降低物流成本和时间成本，为经济社会发展提供绿色低碳交通运输支撑。

（2）运输结构优化

引导大宗货物和中长距离货物向节能低碳运输方式转移，优化铁路、公路、水运、民航等不同运输方式在交通运输中所占比重，降低交通运输整体碳排放水平。持续推进铁路货运增量，大力发展以铁路为骨干的多式联运体系，推进工矿企业、港口、物流园区等铁路专用线建设，助力运输结构优化。

发展低碳铁路的目的，不仅要提高自身安全水平，提升运输生产效率，提高节能环保水平，还要在实现自身低碳发展需求基础上进一步发挥促进交通运输低碳发展的骨干作用，充分利用铁路的比较优势，通过提高铁路的市场占有率，优化调整运输结构，推动整体交通运输体系的低碳发展，承担起节能降碳的重任。

1.2 铁路低碳发展的历程

1.2.1 铁路运输能耗及碳排放分类

铁路运输能耗分为牵引能耗和非牵引能耗两大类。其中，牵引能耗是指用于机车牵引所消耗的能源总量；非牵引能耗是指除牵引能耗外的能源消耗量，包括暖通空调、照明、信号、通信以及给排水等相关设备能耗。我国铁路运输的绝大部分能耗都集中在牵引。2021年，国家铁路内燃机车用油占其燃油消费的84.7%，电力机车用电占其电力消费的88.4%。2003年蒸汽机车从国家铁路退役后，目前国家铁路煤炭消费都属于非牵引能耗，2021年国家铁路消费煤炭21.8万吨，在其能源消费总量中的占比很小并且继续呈下降趋势。铁路运输能耗类型及碳排放如图1.1所示。

铁路运输碳排放几乎都来源于化石能源消耗，包括直接碳排放和间接碳排放。直接碳排放主要指化石燃料燃烧排放，主要有内燃机车和运输生产中锅炉及燃烧装备所消耗的燃油、燃煤而产生的碳排放；间接碳排放主要指因净购入的电力在发电、输电环节产生的排放，以及购入的热力在生产、供应等环节产生的碳排放。

1.2.2 铁路用能变革与低碳发展

铁路运输牵引用能变革与铁路低碳发展相伴而行，经历了从蒸汽牵引到内燃牵引、再到电力牵引的演进历程。

1.2.2.1 铁路蒸汽时代

自18世纪末蒸汽机被发明后，最先被应用于纺织、冶炼、运输等部门。蒸汽机车利用蒸汽机把燃料（一般用煤）的化学能转化为热能，再转化为机械能，从而带动火车运行。蒸汽机使传统的运输工具发生了飞跃性变革。19世纪初，第

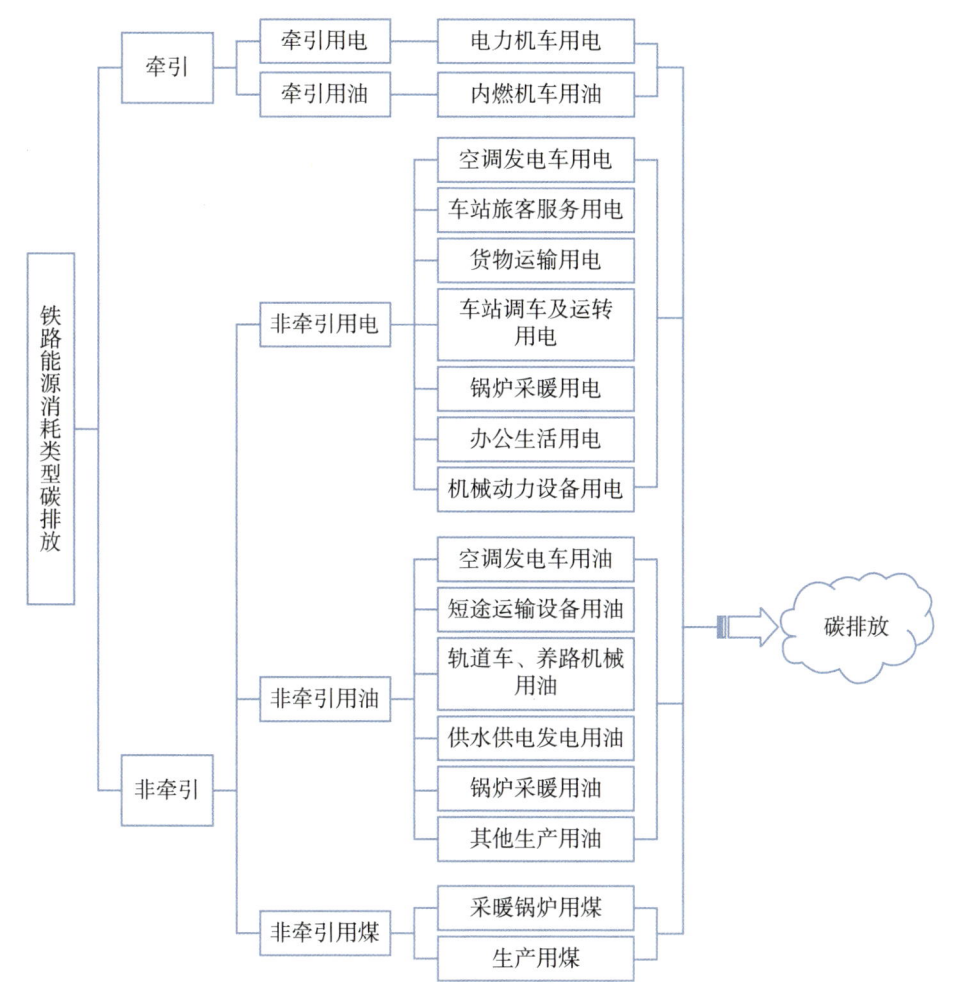

图 1.1 铁路运输能耗类型及碳排放

一次工业革命推动了社会生产力的迅速发展，人们交往增多，市场扩大，物流加速，铁路在这个时期应运而生。

1825年，英国在斯托克顿至达林顿修建了世界上第一条由蒸汽机车牵引的铁路。这条长21千米的铁路，标志着人类社会打破传统马车、人力车等交通工具的禁锢，为实现大规模客货运输开辟了新纪元。1830年，英国利物浦至曼彻斯特铁路开通，此前修建的铁路线路主要用于将矿山开采的矿产运送至通航水域，而利物浦至曼彻斯特铁路还运送两地之间往返的旅客。该铁路开通满一年，客运量近50万人，客运成为其营业收入的主要来源；开通后不到10年，由蒸汽机驱动的火车就遍布欧洲，并在北美开始出现。

20世纪初至第一次世界大战前，铁路迎来了发展的鼎盛期，这一时期被英国铁路历史学家克里斯蒂安·沃尔玛尔定义为铁路的"黄金时代"。截至1913年，世界铁路营业里程达到110万千米,约80%集中在英国、美国、德国、法国、俄罗斯。铁路已成为具有垄断地位的陆上交通工具,铁路产业也发展成为规模和影响力都遥遥领先的尖端产业。

蒸汽机车作为推动社会发展原动力的机械,对中国铁路机车产生了深远的影响。我国制造的第一台蒸汽机车是1881年开平矿务局修理厂工人根据英国工程师金达提供的图纸,利用矿务局的起重机、锅炉、竖井槽钢等设备制成的六轮小型蒸汽机车,定名为"中国火箭号"。由于机车侧面镶有龙的标志,所以也叫"龙号"蒸汽机车(图1.2)。1882年,中国第一次从英国购进了两台轮式为0-4-0的小型蒸汽机车,称为"0"号蒸汽机车。1903年,唐山机车厂制造出了中国最早在铁路上正式运营的蒸汽机车。

图1.2 中国最早的蒸汽机车

随着机车技术水平的不断提升,蒸汽机车"重""大""低""小"的弊端逐渐凸显,从一定程度上导致了蒸汽机车的衰落。"重"是指空气污染严重,煤炭作为工业革命的主要能源,在提供蒸汽机车动力、方便人们日常出行的同时,也释放出大量的烟尘、二氧化硫、二氧化碳等有害物质,严重污染大气;"大"是指噪声和震动很大,一方面是蒸汽机车运转以及尾气排放过程中产生的巨大噪声,另一方面是由于过大的车体重量会对轨道造成强烈的震动冲击;"低"是指机车转换热效率低,1980年标准型蒸汽机车的热效率仅为8%,由查普朗和波特设计的高效蒸汽机车也不过 10% 左右，远远低于内燃机车和电力机车的能源利用率；"小"是指牵引功率小，以牵引功率较大闻名的前进型蒸汽机车，牵引功率可达 2000 千瓦以上，却远远抵不过内燃机车和电力机车的平均水平。

1.2.2.2 铁路内燃时代

由于蒸汽机车体积大、效率低，所以在铁道机车领域逐渐被安全性好、功率高的内燃机车取代。内燃机车是以内燃机为动力源的机车，由于机车需要的功率较大，所以绝大多数的内燃机车采用的是柴油机。20 世纪初，国外开始探索试制内燃机车，1913 年世界第一台内燃机车在瑞典开始运营。1924 年，苏联制成电力传动内燃机车。同年，德国用柴油机和空气压缩机配接，利用柴油机排气余热加热压缩空气代替蒸汽，将蒸汽机车改装成为空气传动内燃机车。1925 年，美国第一台 220 千瓦电传动内燃机车投入运用。第二次世界大战以后，因柴油机的性能和制造技术迅速提高，内燃机车多数配装了废气涡轮增压系统，功率比战前提高约 50%。到了 20 世纪 50 年代，内燃机车数量急剧增长。随着电子技术的发展，联邦德国在 1971 年试制出 1840 千瓦的交－直－交电力传动内燃机车，为内燃机车和电力机车技术的发展提供了新的途径。此后，内燃机车在提高机车的可靠性、耐久性和经济性以及减少污染、降低噪声等方面不断取得新的进展。图 1.3 为美国伯灵顿北方圣太菲铁路运输公司（BNSF）的内燃机车。

图 1.3 美国伯灵顿北方圣太菲铁路运输公司的内燃机车

（图片来源：https://www.bnsf.com/news-media/news-releases/newsrelease.page? relId=bnsf-to-build-new-integrated-rail-complex-in-barstow-to-increase-supply-chain-efficiency-nationwide）

1957年以前，我国缺乏内燃机车的设计和制造能力。为了自主设计和制造内燃机车，实现牵引动力现代化，国务院、第一机械工业部、铁道部（机车车辆管理局）、铁道部科学研究院（机车车辆研究所）、相关机车工厂以及相关高等院校做了许多准备工作。1958年，我国第一台自主制造的"巨龙"号电传动内燃机车在大连机车车辆工厂试制成功。此后，北京二七机车厂、四方机车车辆厂等先后研制并批量生产内燃机车。中国设计制造的内燃机车形成"北京""东方红""东风"和"和谐"等系列。

随着工业化的发展和科学技术的进步，内燃机车经过不断改进，在铁路运输中逐步替代了蒸汽机车，动力燃料由煤炭过渡到柴油，石油在能源构成中的比重大幅上升，尽管内燃机车的能耗和污染物排放比蒸汽机车有大幅改善，但是与电力机车相比，也存在一些不足（表1.2）。

表1.2 相同整备重量下内燃机车与电力机车牵引功率对比表

名称	类型	轴重（吨）	整备重量（吨）	牵引功率（千瓦）
和谐N5型	内燃机车	25	150	4003
和谐D2B型	电力机车	25	150	9600
东风11型	内燃机车	23	138	3040
韶山7型	电力机车	23	138	4800
东风4B型	内燃机车	23	138	1990
韶山3型	电力机车	23	138	4320

在能源转换效率方面，内燃机车为26%左右，而电力机车则稍高一些，一般可达30%左右。在环境问题方面，内燃机车所燃用的石油能源在开采、加工和应用过程中会造成一系列环境污染，而电力机车的环境问题主要受发电侧限制，随着能源清洁化转型进程的推进，电力机车将更加环境友好。在牵引功率方面，相同装备重量下，内燃机车的牵引功率不如电力机车。综合以上诸多因素，电力机车在许多国家逐步取代内燃机车成为牵引主力。

1.2.2.3 铁路电气化时代

电气化铁路是指通过一套供电系统向电力机车供电，利用电力机车牵引列车的铁路。1885年，英国率先在伦敦修建了第一条由架空导线供电的电车线路，作为市内交通工具。19世纪末20世纪初，这种电车形式的电气化轨道交通已成为城市主要交通工具。到了20世纪50年代，一些工业发达的国家为了适应急剧增长的运输需求以及与其他运输方式竞争的需要，开始进行铁路运输业的现代化建设，其中建设重点是牵引动力现代化的改造。

自 20 世纪 70 年代以来，世界能源危机爆发，导致石油价格大幅上涨，环境污染、交通安全等问题日益突出，推动了铁路用能变革。在与高速公路及航空的竞争中，铁路因噪声小、污染少、安全性高等特性而备受青睐，铁路牵引动力电气化的节能环保优势凸显。因此，电气化铁路的建设速度加快。同时，随着经济发达国家工业化的进一步发展，城市人口日益增多，催生了大都市和城市群，小汽车的大量使用造成城市交通拥堵。铁路运量大、正点率高，对保障城市和市郊通勤尤其有效。因此，世界各国特别是发达国家，铁路的地位和作用重新得到重视，加强铁路在可持续发展战略中的地位与作用在许多国家形成共识。欧洲开始改变以往偏重公路运输的政策取向，加大铁路投资，推动公路运量向铁路转移。

与此同时，世界科技不断进步也为铁路的复兴提供了强劲动力。机械、电力、电子、通信等新兴技术的广泛兴起，极大地促进了高速铁路、重载铁路等代表先进生产力的现代化铁路的诞生和快速发展，逐步扭转了铁路运输市场份额不断下降的趋势。于 1964 年 10 月投入运营的日本东海道新干线成为世界第一条电气化高速铁路。

中华人民共和国成立后，为了更快更好地发展大西南，20 世纪 50 年代，国家决定修建宝成铁路，在宝鸡凤州段（即宝凤段）采用电气化工程设计。宝凤段成为新中国第一条电气化干线铁路，但中国电气化铁路建设较缓慢，到 1977 年仅建成了宝成线和阳安线两条电气化铁路。此后，铁道部正式制定了"内电并举，以电为主"的牵引动力发展技术政策，标志着中国铁路牵引动力开始向现代化迈进，中国电气化铁路建设开始走向规模化发展道路。80 年代，随着改革开放的不断深入，铁道部制定了引进国外先进技术和设备，加快电气化铁路建设的开放性政策。到 2000 年年底，电气化铁路在建设速度和技术水平上取得突破，并开始了之后 20 年的高速发展。铁路电气化建设注重联网效益，成网、成片，充分发挥电力牵引拉得多、跑得快的优势，大幅度提高铁路运输能力。2005 年年底，我国铁路电气化里程跃居亚洲第一。2021 年，我国铁路电气化营业里程 11.08 万千米，电化率达到 73.5%，电力、新能源等绿色机车牵引工作量持续提升。

从 1958 年开始，我国电力机车发展主要经历了 5 个阶段：① 1958—1967 年是起步阶段。此阶段的起始是参考苏联 H60 型电力机车制造出韶山系列电力机车。我国第一台电力机车诞生于 1958 年，由田心机车厂与湘潭电机厂合作研制出的 6Y1 型电力机车。② 1968—1978 年是自行设计、突破 H60 型机车模式的阶段。③ 1979—1989 年，主要是电力机车进入更新换代阶段。④ 1990—1999 年是交 – 直传动电力机车完善升级阶段。国产电力机车相继研制出韶山 7E、韶山 8

型、韶山 9 型等较高端产品。⑤ 2000 年至今是引进消化吸收再创新的阶段，和谐型电力机车相继问世。我国高速列车的研究从 20 世纪 90 年代开始，先后研制了"蓝剑""中华之星"等动车组列车。进入 21 世纪以来，通过引进、消化、吸收、再创新，我国逐步掌握了时速 200～250 千米和时速 300～350 千米的高速列车制造技术。不同速度等级的"和谐号"动车组相继问世。2017 年，我国成功研制了具有完全自主知识产权和世界先进水平的"复兴号"动车组，其采用了全新低阻力流线型头型和车体平顺化设计，在节能低碳上的优势更加突出，图 1.4 为 CR400BF 型时速 350 千米"复兴号"动车组。

图 1.4　CR400BF 型时速 350 千米"复兴号"动车组

（图片来源：http://www.ayskx.org.cn/channels/show.php?itemid=2304）

经历了几十年的技术演进发展，1995 年，内燃机车能耗总量首次超过蒸汽机车。1999 年，电力机车能耗总量超过蒸汽机车。2003 年，蒸汽机车在国家铁路退出运营。从 2006 年开始，内燃机车能耗占比逐步降低。随着铁路电气化的推进，2013 年开始，电力机车能耗总量超过内燃机车。图 1.5 展示了我国铁路机车能源消耗演变历程。

纵观世界铁路发展历史，客运列车逐渐向高速度、大密度及电气化发展，货运列车逐渐向集中化、单元化和运输重载化发展。图 1.6 为一些国家的铁路电气化率情况。

进入 21 世纪后，作为低碳交通工具的现代化铁路进一步得到国际社会的高度重视。许多国家将铁路发展纳入国家性战略规划，大力推进铁路建设和技术创新，努力提高运输服务质量和经营效益。世界铁路呈现客运高速化、货运重载化

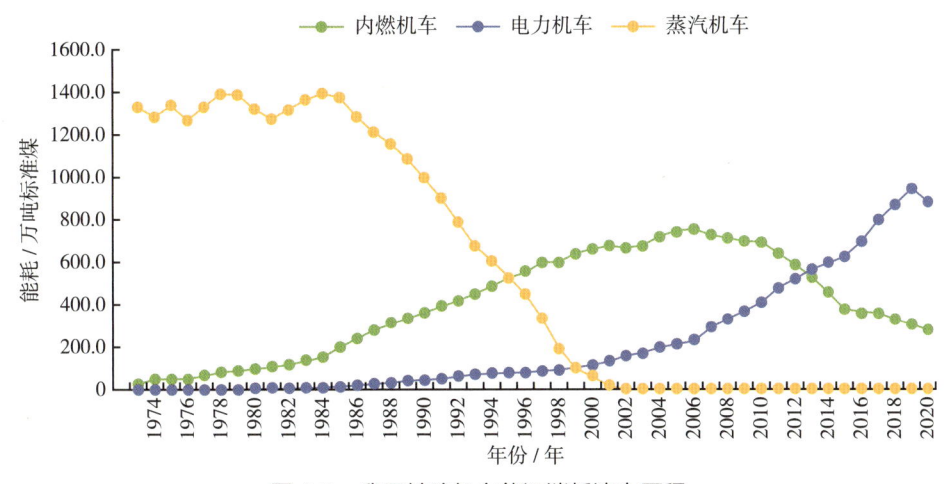

图 1.5　我国铁路机车能源消耗演变历程

[数据来源：《全国铁路历史统计资料汇编》(1949—2006)，《国家铁路能源消耗与节约指标完成情况》(2007—2020)]

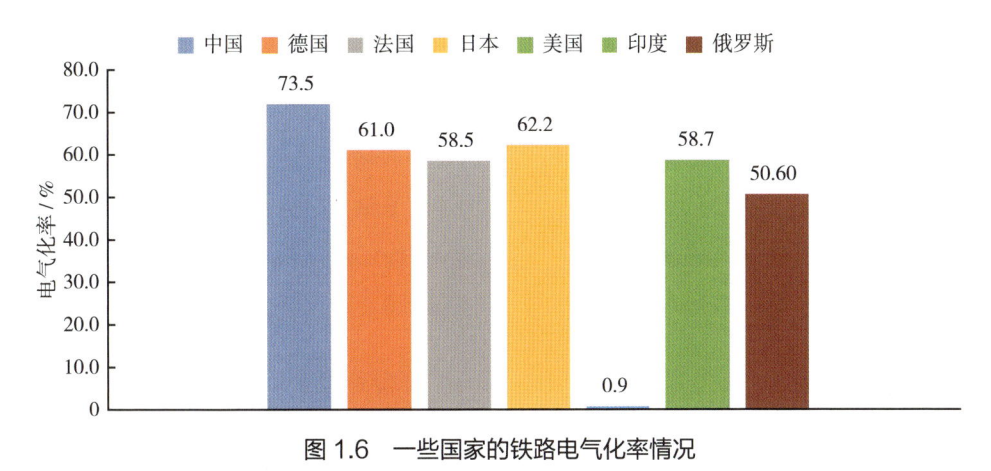

图 1.6　一些国家的铁路电气化率情况

（注：中国、德国、法国、日本、美国、印度和俄罗斯电气化率数据年份分别为 2021 年、2020 年、2019 年、2018 年、2019 年、2020 年和 2019 年）

和快捷化、技术装备智能化和低碳化、经营市场化和集约化等特点，运输结构持续优化；信息化、智能化、新能源、新材料等新技术在铁路的研发应用取得突破，铁路建设运营水平和节能环保效益显著提升。

1.2.3　国外铁路低碳发展概述

气候变化是人类面临的严峻挑战，各国政府意识到全球气候变暖对人类安全和社会经济发展的影响，纷纷制定碳排放目标以共同应对气候变化，国际铁路组织和铁路公司积极响应推进低碳铁路发展。

国际铁路联盟（International Union of Railways，UIC）是国际性的非政府性

铁路组织，在铁路建设标准化和可持续发展方面有很大影响力。国际铁路联盟于2019年号召联盟成员签署铁路气候宣言，以实现2050年碳中和目标，目前已有35家铁路公司签署该宣言。为响应联合国可持续发展目标，国际铁路联盟可持续发展工作组组织编写了《铁路2030愿景》报告。该报告包含四方面内容：改变城市和链接社区；能源、技术和创新；多式联运和无缝连接；改善用户体验。在能源变革方面：一是淘汰内燃机车，加快电气化应用、蓄电池和氢能列车研发；二是坚持低碳生态设计理念；三是提升数字化水平和自动驾驶列车应用；四是与能源部门协作提高可再生能源和储能应用。

在政府政策框架下，德国和法国都将节能减排作为铁路发展战略的重中之重，并取得了显著成效。德国铁路从企业战略制定、装备研发采购、运营管理等多方面加以倡导，主要措施包括：实施"节省能源运行"项目，对司机进行节能优化操作方法培训；提高可再生能源在牵引电能来源中的比例，2016年该比例已达到42%，提前4年完成阶段性任务，到2050年这一比例将达到100%，即实现100%无二氧化碳排放的铁路运输；通过将货车闸瓦制动系统更换为新型材质、收取噪声线路使用费、安装声屏障和隔声窗等，大力推动铁路线路和机车车辆降噪。法国铁路通过管理和技术双重举措加大铁路节能环保力度，主要措施包括：推动生态环保型客运站建设，使车站水资源和清洁能源的利用有效提高；欧洲之星（Eurostar）列车（图1.7）均配备了高科技的能源计数器和辅助驾驶系统，平均到每个座席的能源效率提高17%；将生态设计原理充分运

图1.7 欧洲之星列车

（图片来源：https：//www.usatoday.com/story/travel/destinations/2016/06/21/eurostar-e320-high-speed-train/86175760/）

用到第四代高速列车 AGV 的设计、生产和回收再利用中。日本政府出台政策对铁路低碳化给予资金支持，企业也积极落实节能减排目标，铁路能耗水平不断下降。

1.2.4 对铁路低碳发展的新要求

在"双碳"背景下，建设节能高效的综合交通运输体系对铁路低碳发展至关重要。需研究构建布局合理、层次分明、功能完善、衔接顺畅的综合交通运输体系，发挥铁路节能减排潜力。

在综合交通运输方式中，铁路被公认为节能低碳型交通运输方式。发挥铁路运能大、运距长、成本低和节能环保等比较优势，实现铁路与其他交通方式融合发展，促进铁路与公路、水运、航空等多种运输方式有机衔接、优势互补，加强铁路在大宗货物运输和多式联运物流体系中的骨干和枢纽作用，进一步提升铁路的市场份额，对降低社会综合物流成本和节能减排具有重要作用。加快铁路发展，不仅是满足人们低碳生活方式和低碳出行、实现对美好生活向往的需要，也是建设交通强国的重要内容。铁路需要深化低碳发展理念，从铁路规划、设计、施工、运营维护等全生命周期的视角，全面深入地研究建设高效、节能、安全的低碳铁路，更好地发挥自身比较优势，进一步降低铁路自身建设、施工和运营碳排放。通过提高铁路的市场份额，促进整个交通运输体系的低碳发展。

具体而言，"双碳"背景下对铁路低碳发展的新要求主要包括三个方面。一是要适应国家对低碳发展的更高要求。把建设美丽中国作为全面建设社会主义现代化强国的重大目标，把生态文明建设和生态环境保护提升到前所未有的战略高度，为未来中国推进生态文明建设和低碳发展指明路线图。二是适应低碳交通发展和运输结构优化调整的需要。进一步发挥铁路在低碳交通发展中的重要作用，以促成低碳交通发展战略任务。为适应这一战略调整，要通过铁路低碳发展目标和重点任务的提出和实施，最大限度带动综合交通运输结构的优化，最终实现"各尽其职"的合理化分工和整个交通行业的低碳发展。近些年，尤其是"双碳"目标提出后，低碳交通发展出现了一些新的特点，比如，电动汽车的供给量出现了大幅度提升，电动和氢能重卡等货物运输车辆也在推广和试点过程中。电动汽车比重的迅速上升意味着未来公路运输很有可能由目前的以油为主要动力燃料转变为以电为主的能耗结构，公路低碳运输将会提升。其他运输方式，如水运和航空运输在动力上也在进行革命性的低碳改造。在此情形下，铁路如何进一步挖掘低碳运输的潜力、增强低碳优势，需要进一步深入研究，才能在低碳发展中继续保持领先优势。三是满足"交通强国、铁路先行"的发展需要。在当前生态文明建设的背景下,"双碳"将保障交通强国和铁路走出去战略方针高质量推进,有助于铁路承担社会责任,促进企业品牌建设,推动全社会践行低碳理念,实现我国低碳转型,提升我国铁路低碳竞争力。

在上述铁路发展要求的指引下,铁路应通过提升自身低碳发展水平和发挥低碳比较优势,在低碳交通发展新格局中提供有力支撑,提升铁路在综合交通运输体系中的低碳供给能力,在建设低碳现代化交通体系中作出贡献。

专栏1.1:国家层面对铁路低碳发展的要求

我国积极参与国际社会应对气候变化进程。在哥本哈根气候变化峰会上,我国向国际社会承诺,到2020年单位国内生产总值二氧化碳排放比2005年下降40%~45%的自主行动目标。2015年,我国提交了应对气候变化国家自主贡献文件,承诺二氧化碳排放2030年左右达到峰值并争取尽早达峰。2020年9月22日,习近平主席宣布,中国将提高国家自主贡献力度,采取更加有力的政策和措施,二氧化碳排放力争于2030年前达到峰值,努力争取2060年前实现碳中和。"双碳"目标成为我国对国际社会的庄严宣示。党的二十大报告进一步提出,要积极稳妥推进碳达峰碳中和,立足我国能源资源禀赋,坚持先立后破,有计划分步骤实施碳达峰行动,深入推进能源革命,加强煤炭清洁高效利用,加快规划建设新型能源体系,积极参与应对气候变化全球治理。

中共中央、国务院出台的《关于完整准确全面贯彻新发展理念做好碳达峰碳中和工作的意见》提出,加快推进绿色低碳交通运输体系重点任务,提高铁路、水路在综合运输中的承运比重,推进铁路电气化改造。国务院印发的《2030年前碳达峰行动方案》指出,交通碳达峰聚焦于运输工具装备低碳转型、运输结构和排放强度控制。优化交通运输结构,加快建设综合立体交通网,大力发展多式联运,提高铁路在综合运输中的承运比重,持续降低运输能耗和二氧化碳排放强度。推进铁路电气化改造,明确国家铁路单位换算周转量综合能耗比2020年下降10%的目标。

专栏1.2:交通强国建设对铁路低碳发展的要求

随着我国经济社会的发展和人民生活水平的提高,交通客运出行需求大幅提高,货物商品流通显著增加,交通运输总能耗因此呈快速上升趋势。交通运输部门成为碳排放的重要领域之一,2020年产生的二氧化碳排放占全社会总排放量的10%左右,成为继工业和建筑业之外的第三大排放部门,交通行业的节能减排成效将影响我国"双碳"目标的完成。

交通运输需要在满足运输需求的前提下，通过优化交通运输结构、技术创新和管理创新等，不断提高交通运输业的资源配置效率和资源使用效率，降低环境成本，以最小的社会资源（土地、能源）占用，以尽可能低的资源消耗和环境成本支撑国民经济发展和社会发展，从而实现交通与环境间关系的变化从互竞和互斥逐步走向互补和互适。

中共中央、国务院印发的《交通强国建设纲要》明确提出了促进资源节约集约利用、强化节能减排和低碳环保的低碳发展理念，推进新能源和清洁能源应用。中共中央、国务院印发的《国家综合立体交通网规划纲要》中要求加快构建以铁路为骨干的低碳运输体系，加强可再生能源、新能源、清洁能源装备设施更新利用和废旧建材再生利用，促进交通能源动力系统清洁化、低碳化、高效化发展。交通运输部印发的《绿色交通"十四五"发展规划》提出，深入推进大宗货物及中长距离货物运输"公转铁"，加快集疏港铁路和铁路专用线建设。

1.3 铁路低碳发展的重要意义

1.3.1 助力国家"双碳"战略实施

我国目前已经成为全球碳排放量最大的国家。在众多产生碳排放的行业中，交通运输行业是仅次于工业、建筑的第三大碳排放行业，其排放量约占全国总量的10%，面临艰巨的节能减排任务。因此，降低交通行业碳排放是落实"双碳"战略的重要工作。目前，交通运输结构不合理是产生碳排放较大的重要原因之一，特别是公路承担了过多的大宗货物运输，导致整个交通行业碳排放的增加。

铁路运输是推动"双碳"战略目标实现的重要领域。铁路不但是综合交通运输体系的骨干，而且具有绿色、低碳、环保的比较优势。一是能效高。我国铁路以3%的能耗完成了全社会20%以上的换算周转量，单位运输工作量能耗明显低于公路。二是更环保。2021年，国家铁路电气化铁路完成的工作量高达90.5%，二氧化碳等污染物排放量远低于其他交通运输方式。在国家铁路网中，铁路货运量每增加1亿吨，比公路完成同等运量可减少能耗约114万吨标准煤，减少二氧化碳排放量约279万吨，能够节省50亿元以上的能源成本。三是成本低。据统计，公路货运的事故成本、环境污染治理成本、噪声治理成本分别是铁路货运的85倍、7.6倍、2.5倍。增加铁路货物运量，有利于降低物流成本。

推动铁路低碳发展，深入实施运输结构调整，是落实党中央、国务院决策部署的重要抓手，对助力国家"双碳"战略实施、尽快实现"双碳"目标具有重要意义。

1.3.2 推动绿色交通体系建设

铁路作为公认的环境友好型运输方式,在我国绿色交通发展中发挥着主导和引领作用。在五种运输方式中,铁路、水运和管道在节能环保方面都具有一定的比较优势,但是水运受自然地理和基础设施布局影响而覆盖面有限,管道适用的货类较少,因此铁路在绿色交通中的优势突出,主要体现在以下三个方面。

1)铁路运输本身就是一种绿色运输方式,也是大运量中长距离货物运输的主导运输方式,因此在绿色运输中发挥着主导作用。随着技术的创新和运输能力的扩大,未来铁路在节能降碳方面仍有很大潜力。通过扩大铁路路网规模,提高铁路市场份额,增加电力牵引比重,加大清洁能源使用比重,改善机车能效,提升运输组织管理水平等多种途径,铁路节能降碳的优势将进一步得到发挥。

2)铁路是现阶段唯一可以大规模实现"以电代油"的运输方式。在各种运输方式中,铁路既可以使用燃油作为动力,又可以使用电力作为动力,通过大力提高电气化率,可产生显著的节油效果。虽然目前公路运输领域也在积极发展电动汽车等新能源汽车,但就现阶段而言,铁路是可大规模实现"以电代油"的运输方式。铁路"以电代油"对石油资源短缺、煤炭资源丰富及风电、光电等新能源快速发展的我国来说,具有重大的能源替代战略意义。

3)铁路低碳发展对国家节能减排工作的贡献不仅体现在行业自身的节能减排效果,而且更重要的是在交通运输行业节能减排中的转移替代效应。通过政策引导和干线、城际及市域铁路、多式联运、物流园及铁路专用线建设等措施,加上经营管理提升自身市场竞争力,将部分公路、民航领域的客货运输需求吸引至铁路运输,可以达到优化运输结构、促进交通运输节能减排、实现绿色发展的目的。客货运输需求从公路、民航领域转移至铁路运输,这种转移和替代效应可以产生明显的节能降碳效果。

1.3.3 实现铁路可持续发展

铁路低碳发展,就是用更少、更清洁的能源消耗支撑经济社会的可持续发展,本质上是铁路可持续发展,是顺应时代潮流和世界发展大势的必然选择。

实现铁路可持续发展要既满足当代人的需求,又不危及后代人的需求,其内涵包含两方面:一是环境与生态的可持续性,二是社会的可持续性。在交通运输发展中,不仅要考虑交通运输本身的经济效益,更重要的是充分考虑运输的正外部效应与负外部效应;不但要考虑交通运输对当代(或近期)整个社会经济系统资源配置的影响,而且要考虑对动态资源合理配置的影响。

1.3.3.1 实现环境与生态的可持续性

运输的环境与生态可持续性体现在运输外部性的内部化。运输负外部性的存在是由于市场机制无法完全反映交通运输活动对社会和环境的影响，导致运输资源配置不合理和整体运输效率的降低。为抵消高耗能运输方式产生的负外部效应，大力推进铁路低碳发展，可以减少交通堵塞、交通事故、环境噪声污染、温室气体排放，不但可以满足人流与物流增加的需要，而且可以最大限度地改善整个交通运输系统质量和人的生活质量，从而实现环境生态的可持续发展。

1.3.3.2 实现社会的可持续性

铁路可持续发展应当注重社会效益，满足人民群众的出行需求，提高客货运输服务水平，促进区域经济发展，创造就业机会，提高人民生活水平。铁路助力区域协同发展的深入推进，在实施东北全面振兴、西部大开发、中部地区崛起等区域协调发展战略和粤港澳大湾区建设、长三角一体化发展、京津冀协同发展等城市群都市圈发展战略方面，加快建设区际和西部地区铁路、城市群之间的高速铁路和城市群都市圈内部的城际铁路和市域（郊）铁路，完善区域路网，促进区域经济社会发展更加协调均衡和可持续。

1.4 本章小结

铁路是工业革命的产物，而铁路的诞生又成为工业革命的加速器，铁路机车经历了由蒸汽机车向内燃机车、电力机车的发展历程，能源利用效率和绿色低碳水平逐步提高。随着气候变化成为人类面临的严峻挑战，各国政府逐步意识到全球气候变暖对人类安全和社会经济发展的影响，将低碳发展作为重点任务。在铁路方面，国际铁路联盟及各国铁路企业也将节能低碳作为铁路发展战略的重中之重。我国从国家层面、交通运输行业和铁路行业对铁路低碳发展做出了部署要求。

铁路作为低碳交通工具，近年来随着铁路的快速发展和国家"双碳"战略的实施，引起了全社会对铁路发展更多的关注和更高的期盼。铁路低碳发展以自身清洁低碳、数字智能和安全高效为前提，更好地发挥其在综合交通运输体系中的骨干作用，节约集约利用能源资源、优化调整运输结构、与经济社会协调发展，紧紧围绕国家发展战略，不断扩大自身低碳比较优势，提高铁路竞争力，积极发挥在运输结构调整中的积极作用，助力国家"双碳"战略的实施，推动交通运输低碳转型和绿色交通体系建设，实现铁路和经济社会的可持续发展。

参考文献

[1] 王天宁，丁巍. 电力机车的节能减排成效[J]. 节能与环保, 2009（7）: 30-32.

[2] 中国国家铁路集团有限公司机辆部. 铁路机车概论[M]. 北京：中国铁道出版社, 2022.

[3] 黄民. 新时代交通强国铁路先行战略研究[M]. 北京：中国铁道出版社, 2020.

[4] 中国铁路总公司运输局机务部.《铁路机车概要（交–直流传动内燃、电力机车)》[M]. 北京：中国铁道出版社, 2017.

[5] 邢开功. 铁路机车技术装备运用管理[M]. 北京：中国铁道出版社, 2019.

[6] 铁道部运输局装备部. 铁路机车概要（交–直流传动内燃、电力机车及液力传动内燃机车)[M]. 北京：中国铁道出版社, 2009.

[7]《面向世界的复兴号》编委会. 面向世界的复兴号[M]. 北京：中国铁道出版社, 2020.

[8] A.Kotelnikov，姚永康. 世界铁路电气化发展趋势[J]. 变流技术与电力牵引, 2002（3）: 1-4.

[9] 中国交通低碳转型发展战略与路径研究课题组. 中国交通低碳转型发展战略与路径研究[M]. 北京：人民交通出版社, 2021.

[10] 何吉成. 从数据看中国电气化铁路的发展进程[J]. 上海铁道科技, 2011（2）: 112-113, 77.

[11] 翁振松. 铁路运输结构调整助力"蓝天保卫战"行动方案 专题报告六：政策建议[R]. 北京：中国铁路经济规划研究院有限公司, 2019.

[12] 翁振松. 交通环保政策量化分析与公铁货运市场份额研究[R]. 北京：中国铁路经济规划研究院有限公司, 2021.

[13] 中共中央 国务院. 交通强国建设纲要[Z]. 2019.

[14] 中共中央 国务院. 国家综合立体交通网规划纲要[Z]. 2021.

[15] 交通运输部. 绿色交通"十四五"发展规划[Z]. 2021.

[16] 冯金柱. 世界电气化铁路概况[J]. 铁道知识, 2003（3）: 14-15.

[17] 潘家华. 中国碳中和的时间进程与战略路径[J]. 财经智库, 2021, 6（4）: 42-66.

[18] IPCC. Syhesis Report of the IPCC Sixth Assessment Report（AR6）[R]. 2023.

[19] UIC. Manifesto for the UIC Centenary—Rail Solutions for a Better Future.[R]. Paris, 2022.

第2章 我国铁路低碳发展现状

自改革开放以来，特别是党的十八大以来，我国铁路建设发展取得了举世瞩目的成就，路网规模和质量发生了巨大变化，技术装备水平跃上新台阶，运输能力大幅度提升，基本适应了经济社会发展的需要。在节能降碳方面，绿色发展理念深入铁路建设和运营的各个环节，随着节能高效设备不断投入使用，铁路能耗结构持续优化，在交通运输结构调整中的作用更加凸显，低碳减排取得了显著成效。

2.1 铁路低碳发展实施现状

2.1.1 铁路网建设

随着《中长期铁路网规划》全面实施，我国铁路网建设持续有序推进，规模快速扩大，质量大幅度提升，结构不断优化。2021年年底，我国铁路已覆盖全国81%的县，高铁通达93%的50万人口以上城市，基本形成了布局合理、覆盖广泛、层次分明、安全高效的铁路网络，为社会经济发展提供了有力支撑。

2.1.1.1 铁路网规模快速扩大

2004年国务院批复《中长期铁路网规划》后，铁路进入大规模建设期，全国铁路营业里程由2005年的7.5万千米增加到2021年的15.1万千米，稳居世界第二位。其中，高铁从无到有并迅速成网，2021年达4.0万千米，稳居世界第一位。党的十八大以来是我国铁路建设发展最快的历史时期，2012—2021年全国铁路营业里程增加5.3万千米（图2.1），其中高铁增加3.1万千米（图2.2），分别占2021年铁路网总规模的35%和高铁网总规模的78%。[①]

2.1.1.2 铁路网质量大幅度提升

在铁路网建设快速推进的同时，加快实施铁路网基础设施技术改造，重型钢

---

① 统计范围不含港澳台。下同。

图 2.1 全国铁路营业里程及年增长率

（资料来源：相关年份《铁道统计公报》）

图 2.2 高铁营业里程及占全国铁路营业里程的比重

（资料来源：相关年份《中国统计年鉴》）

轨、无缝线路大幅度延长，复线率、电气化率显著提高，铁路网质量达到世界先进水平。2012—2021年，全国铁路复线里程由4.37万千米增加到8.96万千米，复线率由44.8%提高到59.4%；电气化里程由5.10万千米增加到11.08万千米，电气化率由52.3%提高到73.5%（图2.3）。

科技创新方面，通过深入推进关键技术自主创新，加大现代技术与铁路融合，我国铁路形成了以系列化"复兴号"动车组为代表的一大批铁路重大自主化科技创新成果，高速、重载、高原、高寒铁路技术世界领先，智能高铁技术全面实现自主化，工程建造、运营服务、安全保障等技术水平显著提升，铁路科技创新能力明显增强，高铁成为我国自主创新成功范例。我国自主研制的具有世界领

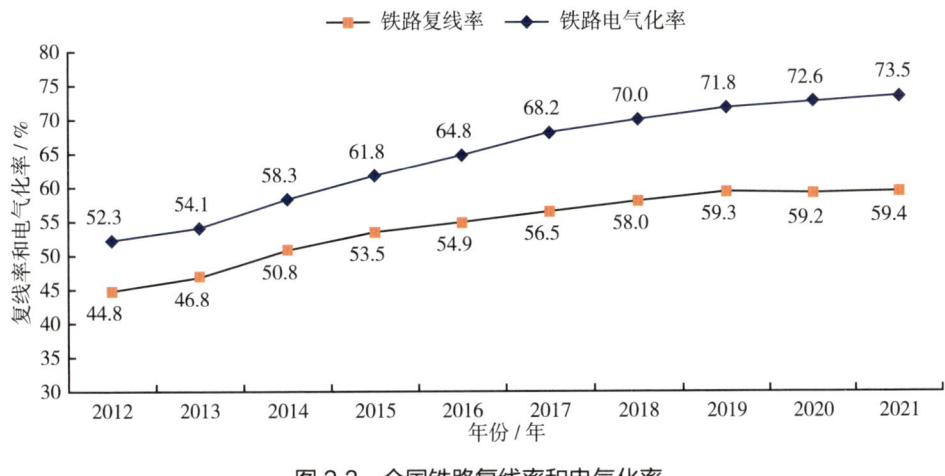

图 2.3　全国铁路复线率和电气化率

（资料来源：相关年份《铁道统计公报》）

先水平的"复兴号"动车组，在京沪高铁、京津城际、京张高铁、成渝高铁、京广高铁等线路上实现了时速 350 千米商业运营，树立了世界高铁建设运营新标杆，迈出了从追赶到领跑的关键一步。

2.1.2　铁路运输

基于不断完善的铁路网和科技创新成果，铁路不断深化运输供给侧结构性改革，深入实施客运提质计划、"复兴号"品牌战略行动和货运增量行动，全面推出电子客票，推行刷脸核验、网上订餐、移动支付、网上办理货运等便利服务举措，铁路服务供给有了质的提升，成为近年来人民群众获得感最强的领域之一。2016—2019 年铁路客运量年均增长 9.6%，铁路货运量在 2017 年实现止跌回升。克服新冠肺炎疫情影响，2021 年，铁路客货周转量的市场份额分别达到 31.46% 和 21.03%[①]（不含远洋和管道运输），铁路在综合交通运输体系中的骨干地位不断提升。

2.1.2.1　货物运输"公转铁"结构调整取得一定成效

改革开放以前，铁路运输在综合交通运输体系中占据主导地位，铁路货运周转量占全社会一半左右。改革开放以后，随着我国向社会主义市场经济体制转型，公路运输快速发展，铁路运输由于体制机制等问题运量逐年下降。近些年来，在国家发展多式联运等一系列政策引导下，铁路运量逐年回升，但无论周转量还是铁路运量仍然占比较低。与铁路在综合交通运输体系中的骨干地位严重不

---

① 数据来源：基于国家统计局数据（https://data.stats.gov.cn/）计算。

符。铁路运输相较于公路运输，具有运量大、运输成本低、安全性高、环保低碳等优势，铁路的单位货运周转量能耗仅为公路的 15%。因此，必须加快大宗货物和中长途货物运输的"公转铁""公转水"，调整运输结构，打赢蓝天保卫战，构建全国绿色交通运输体系。

2018 年 4 月，中央财经委员会第一次会议明确提出要调整运输结构，增加铁路运输量。2018 年 7 月，国务院印发《打赢蓝天保卫战三年行动计划》，对推进"公转铁"目标进行任务分解。同年 10 月，国务院办公厅发布《推进运输结构调整三年行动计划（2018—2020 年）》。此后，国家相关部委的一系列配套措施相继落地。2019 年 9 月，国家发展和改革委员会等五部门发布《关于加快推进铁路专用线建设的指导意见》，提出要加快铁路专用线建设进度，推动铁路专用线"进港区、进园区、进厂区"，积极引导社会资本以多种形式参与投资建设铁路专用线，实现铁路干线运输与重要港口、大型工矿企业、物流园区等的高效联通和无缝衔接，以推进运输结构调整，进一步增加铁路货运量。经过几年的努力，国内货物运输逐渐向铁路、水运方式调整，宏观调控政策取得一定成效。铁路货运量占全社会货运量的比重从 2017 年的 7.94% 提高至 2021 年的 9.32%，详见图 2.4。

从全社会货物周转量来看，2016—2021 年各种运输方式营业性货物周转量份额如图 2.5 所示。

占比/%	2016年	2017年	2018年	2019年	2020年	2021年
铁路	7.87	7.94	8.08	9.67	9.98	9.32
公路	78.92	79.32	79.36	75.69	75.13	76.38
水路	13.19	12.73	12.55	14.63	14.87	14.29
民航	0.02	0.02	0.01	0.02	0.01	0.01

图 2.4　2016—2021 年各种运输方式营业性货运量占比

［数据来源：国家统计局（https：//data.stats.gov.cn/）］

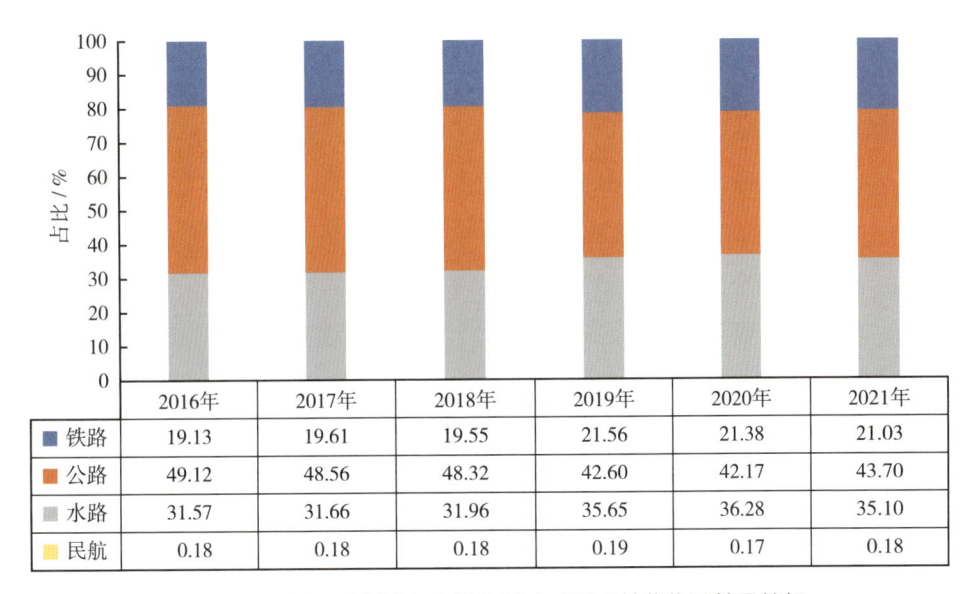

	2016年	2017年	2018年	2019年	2020年	2021年
铁路	19.13	19.61	19.55	21.56	21.38	21.03
公路	49.12	48.56	48.32	42.60	42.17	43.70
水路	31.57	31.66	31.96	35.65	36.28	35.10
民航	0.18	0.18	0.18	0.19	0.17	0.18

图 2.5 2016—2021 年各种运输方式营业性货物周转量份额

专栏 2.1：重点港口"公转铁"案例

（1）天津港

天津港位于天津市滨海新区，地处渤海湾西端，背靠雄安新区，辐射东北、华北、西北等内陆腹地，连接东北亚与中西亚，是京津冀的海上门户，是中蒙俄经济走廊东部起点、新亚欧大陆桥重要节点、21世纪海上丝绸之路战略支点。天津港由北疆港区、南疆港区、东疆港区、临港经济区南部区域、南港港区东部区域 5 个港区组成（图 2.6）。

图 2.6 天津港港区展示图

（图片来源：http://www.easyfang.com/a/2021/1231/060221295R021.html）

在港口后方通道方面，天津港与京哈铁路、京沪铁路交会，并外接京广铁路、京九铁路、京包铁路、京承铁路、京通铁路、陇海铁路、包兰铁路、兰新铁路等干线与全国铁路联网。同时，天津港与北京—天津—塘沽高速公路、丹拉高速公路、天津—山西高速公路形成辐射状公路网络。

2016—2020年天津港公路铁路矿石疏运量如图2.7所示。随着"公转铁"工作的推进，天津港逐步限制公路矿石疏港运输。2017年以后，铁路疏港量开始上升，而公路疏港量较之前年份下降明显，铁路所占市场份额不断上升，到2020年，铁路矿石疏港运量占比达47.84%。

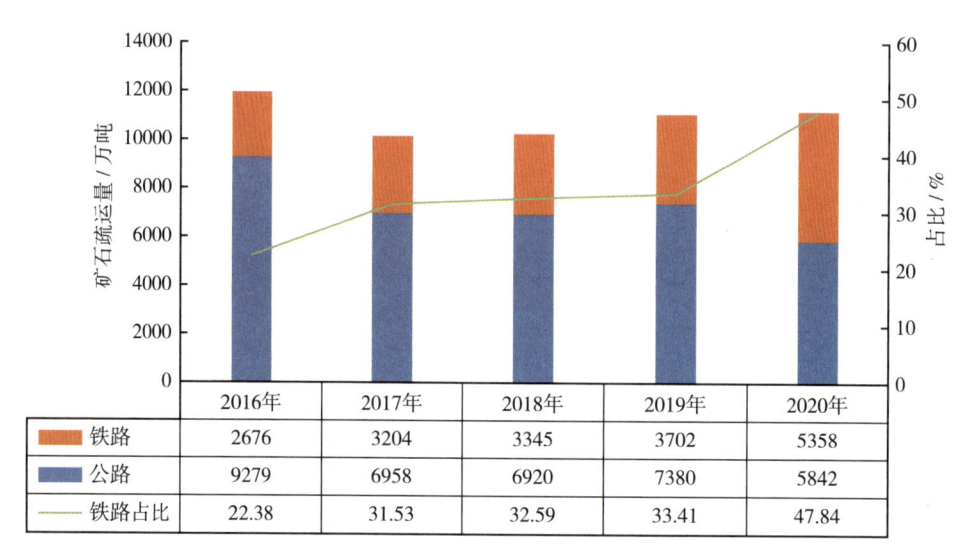

	2016年	2017年	2018年	2019年	2020年
铁路	2676	3204	3345	3702	5358
公路	9279	6958	6920	7380	5842
铁路占比	22.38	31.53	32.59	33.41	47.84

图2.7　2016—2020年天津港公路铁路矿石疏运量

（2）黄骅港

黄骅港位于河北省沧州市黄骅市的渤海之滨，恰置河北、山东两省交界处，环渤海经济圈的中部。黄骅港由煤炭港区、综合港区、散货港区和河口港区4个港区组成（图2.8）。煤炭港区以煤炭运输为主，综合港区、散货港区以矿石、集装箱等货物为主，河口港区是船舶乘潮进出的河口港，以煤炭、矿石、钢材、油品砂石料等货物为主。

在港口后方通道方面，黄骅港与朔黄铁路、邯黄铁路、黄万铁路、沧港铁路、黄大铁路相连。其中，朔黄铁路是神华集团煤运专线和黄骅港主要的铁路集疏运通道，直通煤炭港区，运输能力为3.5亿吨；沧港铁路与京沪线接轨，设计能力500万吨，直通河口港区3000吨级码头。同时，黄骅港公路集疏运通道有石黄高速、津汕高速、沿海高速、沿海公路等。

图 2.8 黄骅港港区展示图

（图片来源：http://finance.sina.com.cn/jjxw/2022-03-24/doc-imcwipii0357512.shtml?finpagefr=p_115）

2016—2020年黄骅港公路铁路矿石疏运量如图2.9所示。2017年以后，黄骅港铁路矿石疏港量上升趋势明显，2018年、2019年和2020年分别同比增加358万吨、780万吨和670万吨，增幅分别为65.09%、85.90%和39.70%。同时，公路矿石疏港量自2018年开始逐年下降，2018年、2019年和2020年分别同比下降759万吨、332万吨和1423万吨。铁路所占市场份额在运输结构调整政策影响下大幅上升。

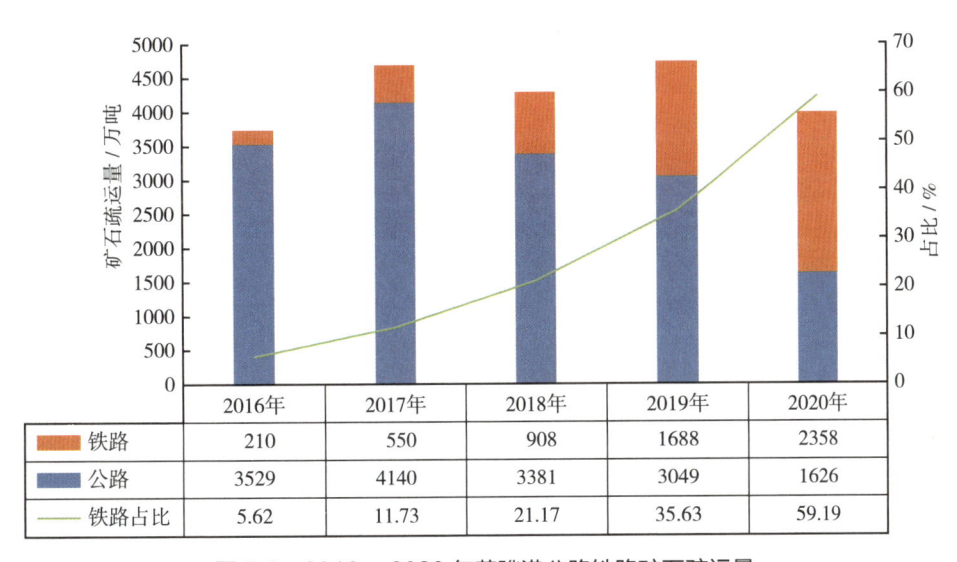

	2016年	2017年	2018年	2019年	2020年
铁路	210	550	908	1688	2358
公路	3529	4140	3381	3049	1626
铁路占比	5.62	11.73	21.17	35.63	59.19

图 2.9 2016—2020年黄骅港公路铁路矿石疏运量

专栏 2.2：我国货物运输结构国际性对标

根据美国交通运输部统计局数据资料，2017 年，美国总货运量 124.7 亿吨。其中，单一运输方式完成 116.1 亿吨、多式联运完成 7.7 亿吨、其他 0.9 亿吨。单一运输方式中，扣除管道运量，公路、铁路、水路、民航四种运输方式总货运量 109.1 亿吨。其中，公路占比 81.09%、铁路占比 11.47%、水运占比 7.37%、民航占比 0.07%。

相比之下，我国总货运量约为美国的 4 倍。从运输结构来看，2020 年，我国铁路货运量占比达到 9.98%，2021 年降至 9.32%，较美国水平偏低；经过若干年"公转铁"运输结构调整，2020 年，公路货运量占比降至最低，为 75.13%，2021 年恢复至 76.38%，低于美国 2017 年水平。近年来，我国水运货运量占比基本维持在 14% 左右，明显高于美国水平。图 2.10 和图 2.11 分别为 2021 年我国的货运量结构和 2017 年美国的货运量结构。

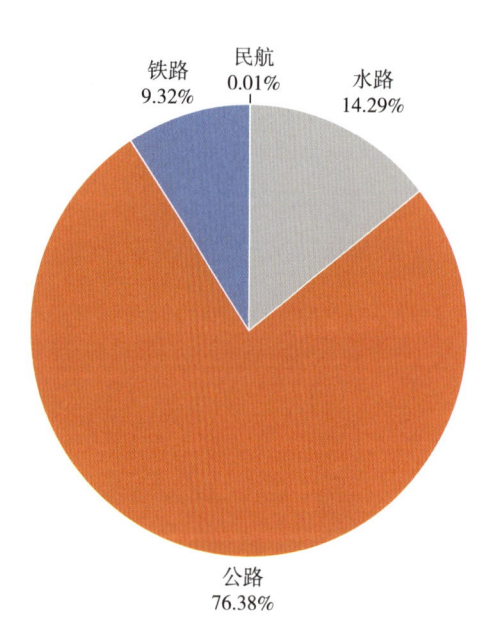

图 2.10　2021 年我国货运量结构 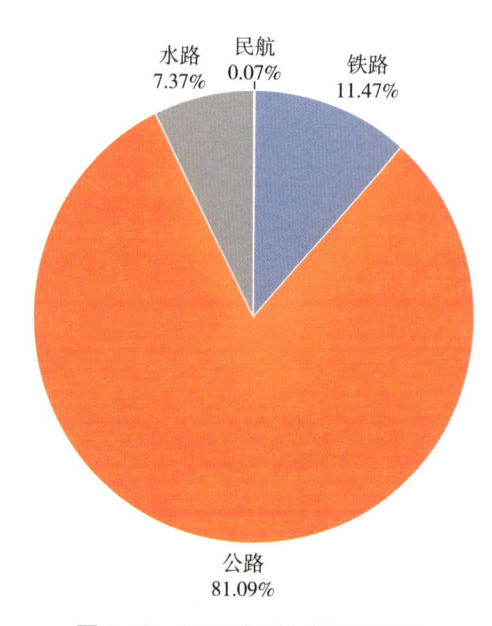　　　　图 2.11　2017 年美国货运量结构

货物周转量结构方面，2017 年，美国总货物周转量 87353 亿吨千米，扣除管道运输，总货运周转量 74945 亿吨千米。其中，公路占比 50.81%、铁路占比 35.96%、水路占比 12.90%、民航占比 0.33%。

总体来看，我国货物周转量为美国的 1.8 倍。运输结构方面，2021 年我国公路货物周转量占比 43.70%、铁路占比 21.03%、水路占比 35.10%、民航占比 0.18%。相比之下，我国铁路货物周转量份额较美国低 14.93 个百分点、水路高出 22.20 个百分点、公路低 7.11 个百分点，铁路货物周转量份额有待进一步提升。图 2.12 和图 2.13 分别为 2021 年我国的货物周转量结构和 2017 年美国的货物周转量结构。

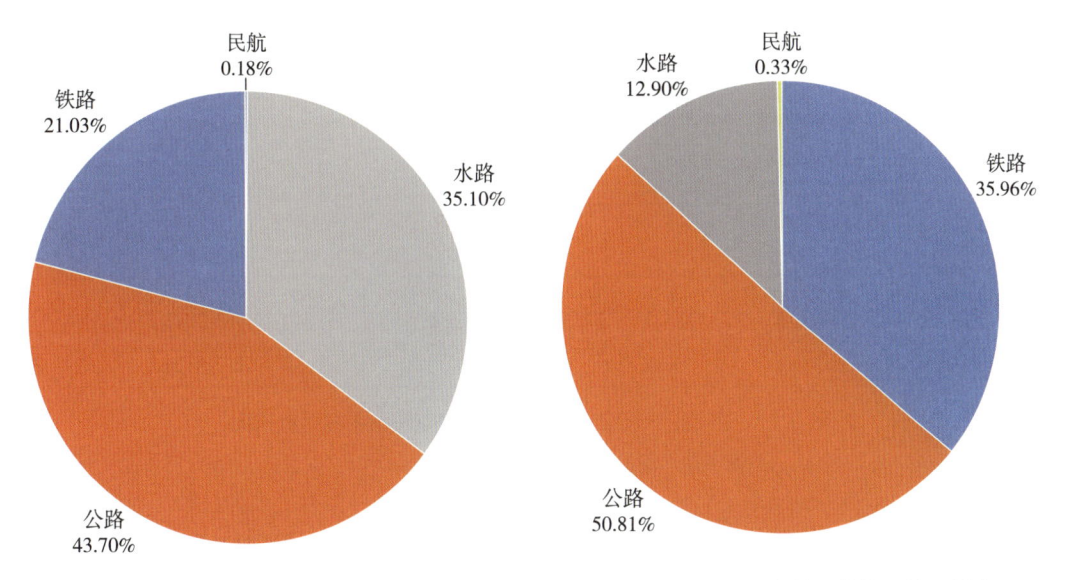

图 2.12　2021 年我国货物周转量结构

图 2.13　2017 年美国货物周转量结构

2.1.2.2　旅客运输结构不断优化，铁路客运量份额逐年增长

受私家车快速发展的影响，全社会营运性客运量呈逐步下降的趋势。2020 年以来，受新冠肺炎疫情影响，全社会客运量更是呈现断崖式下降的局面。2021 年，全社会客运量同比下降 45%。同时，随着近年来我国高速铁路的不断建成开通，高速铁路已形成规模化、网络化发展之势，全社会客运结构不断优化。新冠肺炎疫情前，铁路客运量逐年冲高，市场份额持续攀升。2016—2019 年，铁路客运量年均增长 9.2%；2016—2021 年，铁路客运占比由 14.81% 升至 31.46%，提高了 16.65 个百分点，实现了份额翻倍。详见表 2.1 和图 2.14。

表 2.1　2016—2021 年我国各种运输方式营业性客运量

单位：亿人

运输方式	2016 年	2017 年	2018 年	2019 年	2020 年	2021 年
民航	4.88	5.52	6.12	6.60	4.18	4.41
水路	2.72	2.83	2.80	2.73	1.50	1.63
公路	154.28	145.68	136.72	130.12	68.94	50.87
铁路	28.14	30.84	33.75	36.60	22.03	26.12
合计	190.02	184.87	179.39	176.05	96.65	83.03

数据来源：国家统计局（http://www.stats.gov.cn/sj/）。

	2016年	2017年	2018年	2019年	2020年	2021年
民航	2.57	2.99	3.41	3.75	4.33	5.31
水路	1.43	1.53	1.56	1.55	1.55	1.96
公路	81.19	78.80	76.21	73.91	71.33	61.27
铁路	14.81	16.68	18.82	20.79	22.79	31.46

图 2.14 2016—2021 年各种运输方式营业性客运量占比

[数据来源：国家统计局（http://www.stats.gov.cn/sj/）]

从营业性旅客周转量看，2021 年，铁路客运周转量 9568 亿人千米，市场份额 48.6%，较 2019 年提升 4.7 个百分点。公路、民航（扣除国际运输）周转量分别为 3628 亿人千米、6439 亿人千米，市场份额分别为 18.4%、32.7%，分别同比下降 6.2 个百分点、提升 1.5 个百分点。2021 年各种运输方式营业性旅客周转量如表 2.2 所示。

表 2.2 2021 年各种运输方式营业性旅客周转量

	铁路	公路	水路	国内民航
客运周转量（亿人千米）	9568	3628	33	6439
同比增速（%）	15.7	-21.8	0.4	9.7
份额（%）	48.6	18.4	0.2	32.7

数据来源：国家统计局（http://www.stats.gov.cn/sj/）。

2.1.2.3 以绿色交通方式为主体的多式联运正在进入全面推进时期

2019 年 9 月，中共中央、国务院印发的《交通强国建设纲要》明确"货物多式联运高效经济"的发展目标，提出"推动铁水、公铁、公水、空陆等联运发展，推广跨方式快速换装转运标准化设施设备，形成统一的多式联运标准和规则"重点任务。2022 年 1 月，国务院办公厅印发了《推进多式联运发展优化调整运输结构工作方案（2021—2025 年）》。截至 2022 年 12 月，交通运输部公布四批次共 116 个多式联运示范工程项目，涉及 28 个省（直辖市、自治区）。随着一系列多式联运政策和相关举措的出台,在众多政策利好、示范工程和技术创新合力作用下,充分发挥铁路和各种运输方式的比较优势和组合效率,促进运输组织模式创新,以推进铁公水联运为突破口,加快提升运输基础设施互联互通水平,多式联运正在进入全面推进时期。

2021年,全国港口完成集装箱铁水联运量754万标箱,同比增长9.8%。2021年,全国开行中欧班列1.5万列、集装箱发送量146万标箱,同比分别增长22%、29%;西部陆海新通道班列集装箱发送量57万标箱,同比增长57.5%。

2.1.3 铁路运输装备

2.1.3.1 铁路电力机车逐渐成为主导

相较于内燃机车,电力机车因其自身功率大、速度快、能源利用率高以及清洁环保等优点,逐渐被世界各国铁路公司青睐。欧盟《可持续与智能交通战略》中提出,到2050年,铁路基础设施将实现大规模电气化,投入运营的电力机车牵引列车将占整个客运列车车队的94%～95%、占货运列车车队的88%～89%;英国目前已有部分路段采用电池动力列车,并计划于2050年前取消所有柴油列车(客运和货运)的使用;美国西屋制动公司正与伯灵顿北方圣太菲铁路运输公司开发大马力电池电力机车,并将很快投入使用。

我国第一台电力机车诞生于1958年,但是受到技术条件等因素的限制,发展速度十分缓慢。2010年年底,我国铁路内燃机车拥有量1.1万台,占我国铁路机车拥有总量的56.7%。随着铁路节支降耗理念的不断深入及节能环保措施的不断加强,我国铁路内燃机车开始减少,逐渐转变为以电力机车为主导的局面。截至2021年年底,我国铁路电力机车拥有量达到1.39万台,占机车总量的64.1%,电力机车拥有量比2010年增长约65.5%。电力机车的快速发展对充分发挥铁路绿色比较优势、推动交通运输行业绿色低碳转型起到了不可忽视的作用。2010—2021年我国铁路机车拥有量情况见图2.15。

2.1.3.2 高速铁路动车组取得重大突破

高速铁路具有更为显著的节能环保效应。高速铁路的修建往往采用"以桥代路"的方式,节约土地效果更为明显。高速铁路一般采用电力牵引,从而减少铁路对化石能源的依赖,极大程度上优化了铁路的用能结构,铁路低碳优势更为突出。据测算,2008—2016年,我国高速铁路技术累计降低二氧化碳排放量达1475.8万吨。

1964年,世界首条高速铁路在日本建成通车。此后,国外不断推陈出新,高速动车组技术快速发展。近年来,世界各国更加聚焦于高速动车组的节能环保新

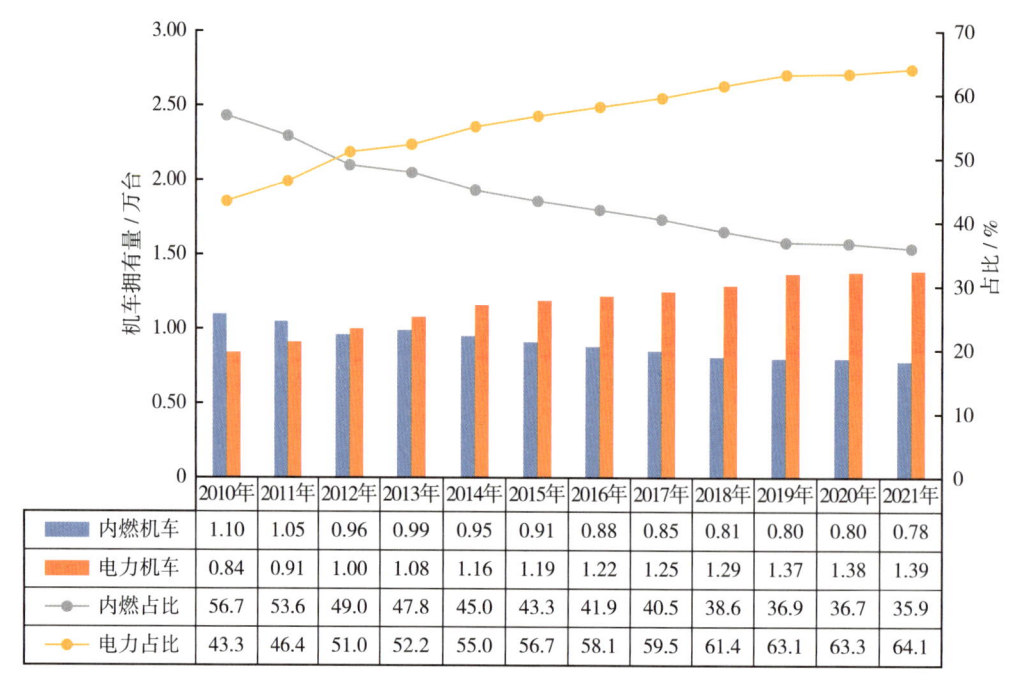

年份	2010年	2011年	2012年	2013年	2014年	2015年	2016年	2017年	2018年	2019年	2020年	2021年
内燃机车	1.10	1.05	0.96	0.99	0.95	0.91	0.88	0.85	0.81	0.80	0.80	0.78
电力机车	0.84	0.91	1.00	1.08	1.16	1.19	1.22	1.25	1.29	1.37	1.38	1.39
内燃占比	56.7	53.6	49.0	47.8	45.0	43.3	41.9	40.5	38.6	36.9	36.7	35.9
电力占比	43.3	46.4	51.0	52.2	55.0	56.7	58.1	59.5	61.4	63.1	63.3	64.1

图 2.15　2010—2021 年我国铁路机车拥有量情况

（数据来源：《2010—2021 年铁道统计公报》）

技术研究，以求进一步降低列车能耗。以庞巴迪公司为例，通过对列车运行过程中的气动阻力进行优化，使得阻力减小 12%。相较于国外，我国动车组技术起步较晚。经过多年来引进国际先进技术进行消化吸收再创新，我国已经系统性地掌握了牵引制动、网络、转向架等关键核心技术。此外，我国也积极探索高速铁路动车组节能环保新技术的应用。例如，通过对 CRH3 系列动车组在整车减阻设计优化、车辆轻量化、长大车体以及高效牵引等方面进行了工程化应用和整车优化，能够实现综合节能 28% 左右。

2.1.3.3　重载铁路货运装备不断发展

重载铁路具有轴重大、牵引质量大、运量大的特点，可以有效降低由于运输次数增加而引起的能源消耗，是目前铁路大宗货物运输低碳发展的趋势。据有关资料显示，自 1980 年至 2000 年，澳大利亚 BHP 重载铁路公司由于应用重载铁路技术，成功降低油耗可达 40% 左右。我国目前也已经系统掌握了高原、高寒、大江大河、艰险山区等复杂地质和气候条件下不同轴重等级重载铁路的建造技术和运输组织集约精细化技术，成功攻克 27 吨轴重通用货车、既有线开行 27 吨轴重货车、30 吨轴重专用敞车、30 吨轴重煤炭漏斗车、30 吨轴重机车车辆电空制动等重载铁路关键技术，重载铁路货运装备水平不断向前发展。

2.1.4 铁路工程建设
2.1.4.1 绿色低碳勘察设计技术得到积极应用

在勘察方面，从航空遥感技术的起步，到精密控制测量体系的完善，再到智能勘测理念的提出，数字化、智能化已经成为铁路勘测的主题。北斗卫星、高分卫星、机载激光雷达、倾斜摄影、无人机、三维地面扫描及地面自动化综合检测监测等空－天－地一体化新兴勘察技术逐步崭露头角，相比传统勘测手段效率更高、人员投入更少、勘测质量更佳，顺应了铁路勘测设计智能化发展趋势，体现了铁路绿色勘测理念。

在设计方面，铁路建设绿色低碳主要体现在以下几方面。

1）落实"生态优先"理念，强化绿色环保选线选址。在选线选址工作中，加强多方案比选，主动避让国家公园、自然保护区、水源保护区、风景名胜区等各类环境敏感区及生态保护红线，无法避让时尽可能采取隧道地下穿越或桥梁空中跨越形式进行"无害化"穿越，减少占用森林、湿地、草甸等原生植被，采取切实可行的环保措施减轻对主要保护目标的影响，如沈阳至长白山高速铁路以最短距离全桥形式穿越吉林园池湿地国家级自然保护区实验区，最大限度减少对野生动植物栖息地的占用，减少了对野生动物的阻隔影响。为保护中国特有物种中华秋沙鸭，在其主要栖息地头道白河跨越段设置了全封闭声屏障。图 2.16 为沈白高铁跨越头道白河全封闭声屏障效果图。

2）落实土地节约集约制度和严格的耕地保护制度，合理确定线路走向及线路形式。选线选址设计坚持"以桥代路""永临结合""隧道早进晚出""土石方资源综合利用"等节约资源的生态环保理念，将生态环境影响降至最低。鉴于桥梁较路基可节约 50% 以上土地，线路形式设计中尽可能采用桥梁和隧道形式。例如位于东北平原、华北平原、长江流域等粮食主产区的高速铁路项目，线路形式基本以桥梁为主，地面线路中桥梁比例基本可以达到 90% 以上，有效减轻了对耕地等土地资源的影响。车站枢纽、动车所、机务段等大型场站设计中推行"阶梯化不等高""双层或多层"等设计理念，减少占地和土石方数量。

3）推行"减量化、资源化"的生态保护要求。国家铁路强化"减量化、资源化"的生态保护要求，通过优化线路形式、加强土石方调配利用等途径，最大限度减少工程出渣，通过隧道洞渣骨料加工利用、弃渣造地等资源化利用手段，最大限度消纳弃渣，减少占地及扰动。目前，"减量化、资源化"已作为铁路建设常态化要求，在众多铁路项目中强力推行，成果显著。

关于临时辅助工程，从源头减少施工道路和施工场地的设置长度及数量，推

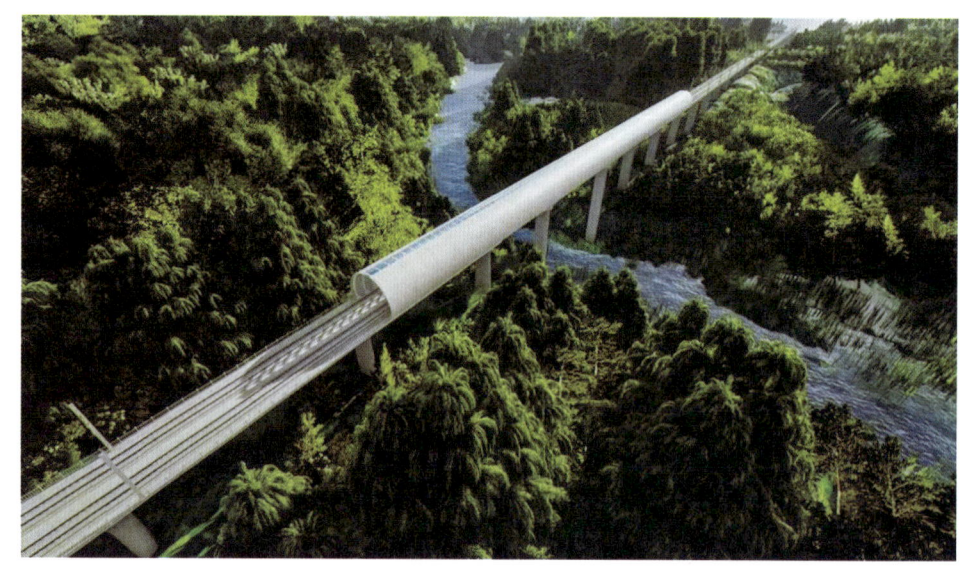

图2.16 沈白高铁跨越头道白河全封闭声屏障效果图

行"永临结合"理念,在满足工程施工需求的前提下,最大限度减少施工便道长度和临时工程数量,节约土地资源,减少扰动。例如,在强化项目施工组织管理的前提下,沈阳至长白山高速铁路项目弃渣场数量由222处压缩至96处,减少近57%,雄安新区至忻州高速铁路项目弃渣场数量由112处压缩至72处,减少近36%,减少了对长白山及太行山地区敏感生态环境的影响。

4)积极采用"路、桥、隧"工点绿色低碳设计先进技术。在设计手段上尝试使用BIM+GIS(建筑信息模型与地理信息系统技术的融合)等数字化设计技术,可提高精细化设计水平,设计源头降低建设过程中的能源及资源消耗。路基、桥梁、隧道等主要工点积极采用绿色低碳先进技术,主要体现在路基支挡结构、边坡绿色防护、填料改良、绿色通道建设、桥跨方案、轻型化桥梁结构、隧道断面控制、隧道辅助坑道布置、预制装配式技术应用等方面。

铁路路基设计通过合理设置支挡结构,减少征地面积和建筑材料用量,例如线路以路基形式通过城镇、农田、生态保护区、地形受限等特殊地段时,通常采用挡墙收坡,有效减少占地和生态破坏。路基填料缺乏区域可通过改良技术就地利用工程挖方,例如盐通铁路路基工程大量采用水泥改良土,解决了平原区普通填料缺乏问题。

铁路绿色通道建设方面,在有限的铁路用地范围内,通过采用新技术、新材料等手段,提高绿色比例,提升绿色功能质量。边坡防护尽可能采用工程防护与绿色防护相结合的措施,提升路基边坡的绿化率和绿化效果。国家铁路自2006年统计铁路沿线绿化里程以来,绿化里程和绿化率逐年上升。铁路沿线可绿化里程从2006年的38330千米增长到2022年的63986千米，增长幅度达66.9%；铁路沿线已绿化里程从2006年的27310千米增长到2022年的55873千米，涨幅1倍多。沿线绿化率由2006年的71.2%增长到2022年的87.3%，接近90%的铁路沿线里程已绿化。

铁路桥梁设计考虑当地地形地貌、施工条件等因素，选择与当地自然环境更为契合的桥跨方案和基础方案，采用了结构标准化、轻型化的装配式结构。在设计建造材料中，积极推动机制砂等循环材料的使用，降低对天然砂的需求量。在设计手段上，积极推进BIM+GIS等数字化设计技术，降低资源消耗，如京雄城际铁路开展了全线的BIM设计。

铁路隧道设计根据项目定位、功能，结合地形、地貌、洞口地质条件、周边自然环境及人文历史等因素，确定合适的隧道工程规模，选择隧道适宜的断面型式，随着车辆密封性能逐渐提高，综合考虑空气动力学的乘客舒适度，尽可能减少隧道净空断面。随着工程装备技术的提高，"机械化、自动化、绿色低碳化、少人化、无人化"的研究逐步深入，施工进度较以往有了较大的提升，"长隧短打"所需要的辅助坑道工程数量也得到了较好的控制。随着技术发展，预制装配式技术逐渐被研究并应用到钻爆法隧道中，减少了人力、物力的投入。图2.17为目前隧道常见的设计技术。

2.1.4.2 绿色低碳施工建设正逐步推广

目前，铁路建设中采用绿色施工技术、绿色工艺工法等已成为行业发展的新趋势，施工管理、施工方案中逐步融入绿色施工的理念，如选用绿色环保建筑材料、节约能源、提高绿色元素等，且在一定程度上有助于提升工程施工效益。

（1）合理设计施工组织，努力做到绿色、低碳、低扰动

铁路工程施工组织设计在桥梁工厂化集中预制、大型临时工程设置、清洁能源利用方面贯彻绿色低碳理念，采用绿色低碳相关设计技术。

1）优化施工组织设计，减少临时占地，提高水、砂石资源循环利用，合理安排施工顺序，均衡组织生产，优化人、财、物、机等资源配置，达到绿色低碳的目标。施工组织设计以保证工程质量为前提，以优化工期、资源配置的投资效益为目标，遵循节能环保、节约用地、因地制宜的原则，对工程建设进行"全项目、全过程、全要素、全目标"的规划与组织。

2）制梁场、拌合站等大型临时工程选址力推"永临结合"理念，减少占用土地资源，如布置在车站站前广场、重大拆迁设施场地、利用沿线既有设施场地，确需新增占地时尽可能选择未利用地，减少占用耕地资源。

3）桥梁梁部优先采用工厂化集中预制。作为铁路主要工程的桥梁工程，其

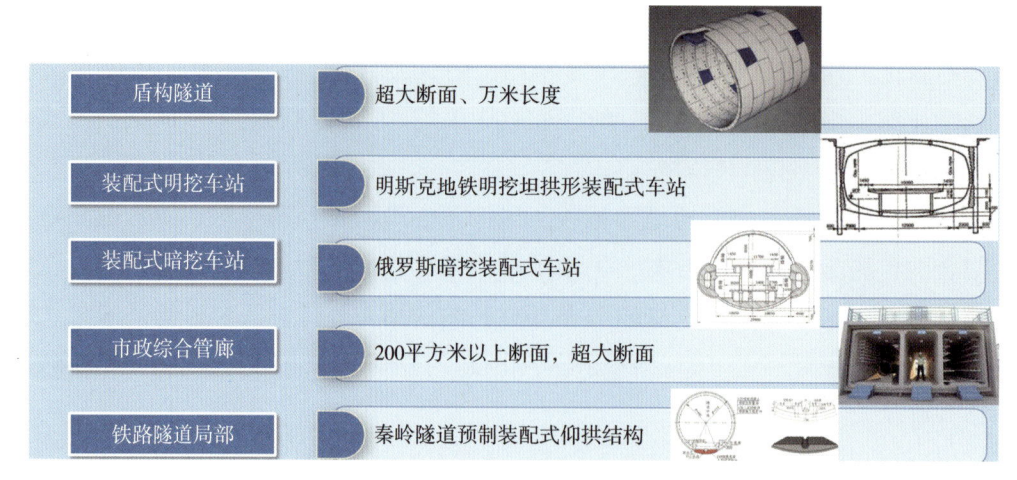

图 2.17 目前隧道常见的设计技术
（图片来源：《预制装配式地下车站结构关键技术》，杨秀仁，北京城建院）

梁部采用工厂化集中预制、整孔架设的施工方案，使人工、机械实现规模化集中生产，相比支架现浇等施工方法，不仅保证安全、质量，更能提高施工模板利用率，减少周转材料和施工机械的投入，达到节能减排的目标。

4）工程建设过程中尽量采用清洁能源，比如桥梁预制蒸养工序杜绝了燃煤锅炉。在场地照明、办公用电等积极推进生活营地太阳能、地热能等可再生能源利用。同时，对建设过程中产生的垃圾实施无害化处理。图 2.18～图 2.20 分别为绿色办公及生活营地、施工营地垃圾无害化焚烧设备和施工营地生活污水处理系统。

（2）全面开展取土场、弃渣场植被恢复及复耕

国家铁路要求铁路项目开展取土场、弃渣场等临时工程的"一场一图"设计，针对性地开展植被恢复及复耕措施设计，图 2.21 和图 2.22 分别为太焦铁路弃渣场填沟造地和太焦铁路制梁场复耕。

2.2 铁路节能减碳状况

2.2.1 铁路用能现状

铁路运输业约 98% 的用能集中在国家铁路。多年来，中国国家铁路集团有限公司高度重视节能降碳工作，能耗总量得到有效控制，综合能效不断提升。

2.2.1.1 铁路用能总量

近年来，铁路用能基本保持稳定，占交通用能比例呈下降态势。2021 年，国

图 2.18　绿色办公及生活营地

图 2.19　施工营地垃圾无害化焚烧设备

图 2.20　施工营地生活污水处理系统

图 2.21　太焦铁路弃渣场填沟造地

图 2.22　太焦铁路制梁场复耕

家铁路能源消耗折算标准煤1580.7万吨，约占交通能源消费的4%。图2.23为国家铁路用能总量及年增长率。

图 2.23 国家铁路用能总量及年增长率

（资料来源：相关年份《铁道统计公报》，其中国家铁路用能统计含国铁控股的合资铁路）

2.2.1.2 铁路用能结构

我国铁路能源消耗类型主要包括电力、燃油、燃煤以及液化石油气、天然气、外购热力等。2021年，铁路能源种类以电力、柴油和燃煤为主，电力消耗量所占比例最高，占69.7%左右，油类和煤炭分别占20.5%和1.0%左右，天然气、煤气、市政热力等其他类型能源所占比例为8.8%。

2016—2021年，由于既有线电气化改造以及新电气化线路开通，电力机车完成的牵引工作量达到90.5%，电力机车数量和承担的工作量明显提升，牵引用电量不断上升，电力消耗占总能耗的比例从50.1%上升至69.7%，成为国家铁路主要用能来源。受"三供一业（供水、供电、供热、物业管理）"改革、大气污染严格治理、燃煤设施设备技术改造、集中供暖等影响，清洁、高效的动车组、电力机车和供热设施继续得到推广应用。到2021年，燃煤比例大幅下降，仅占总能耗的1.0%，由于内燃机车逐步被电力机车替代，油类消耗占比从28.0%下降至20.5%，油类占比降低1/4以上，用能结构得到大幅优化。图2.24展示了国家铁路2016—2021年能源消费结构。

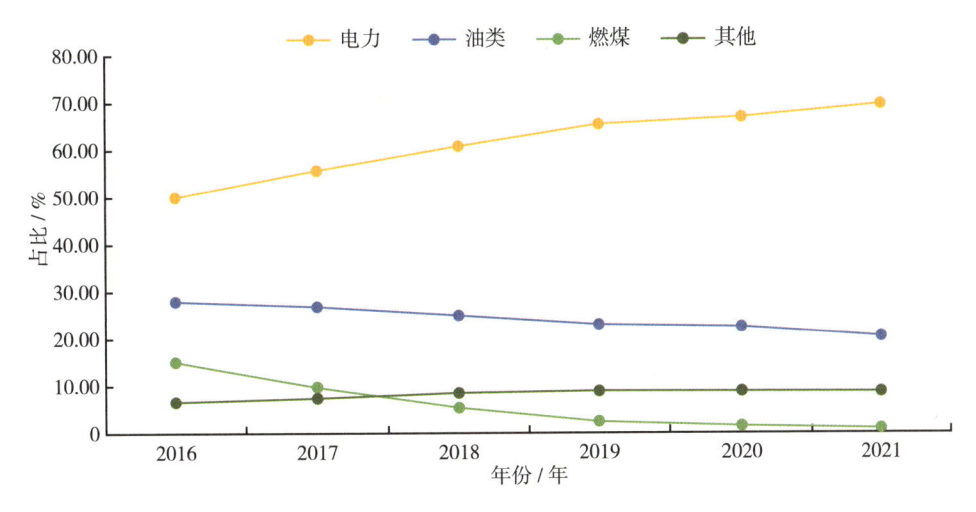

图 2.24　2016—2021 年国家铁路能源消费结构

（数据来源：2016—2021 年《国家铁路能源消耗与节约指标完成情况》，其他包含液化石油气、天然气、外购热力等）

2.2.2　铁路节能现状

2.2.2.1　铁路能效总体提升

铁路能效以单位运输工作量（换算周转量）能耗表示，指完成单位运输工作量的能源消耗，可分为综合单耗和主营单耗。近年来，铁路单位运输工作量能耗总体呈下降趋势，说明铁路能效持续提升，节能取得明显成效。2021 年，国家铁路单位运输工作量综合能耗 4.07 吨标准煤/百万换算吨千米，较上年减少 0.16 吨标准煤/百万换算吨千米，下降 3.8%；单位运输工作量主营能耗 4.02 吨标准煤/百万换算吨千米，较上年减少 0.15 吨标准煤/百万换算吨千米，下降 3.6%。图 2.25 展示了 2012—2021 年国家铁路单位运输工作量能耗。

2.2.2.2　铁路节能量

通常以节能量指标反映行业自身节能效果。铁路节能量是指因铁路效能提高（即单位运输工作量能耗下降）而减少的效能消耗，计算公式为：

$$TE_i = TZ_i(P_{i-1} - P_i),$$

其中，TE_i 表示第 i 年铁路节能量；TZ_i 表示第 i 年铁路运输换算周转量，P_i 表示第 i 年铁路单位换算周转量耗量。

按公式计算，2012—2021 年由于铁路能效提高实现节能 28.7 万吨标准煤。图 2.26 展示了 2012—2021 年国家铁路节能量。

图 2.25　2012—2021 年国家铁路单位运输工作量能耗

（数据来源：相关年份《铁道统计公报》）

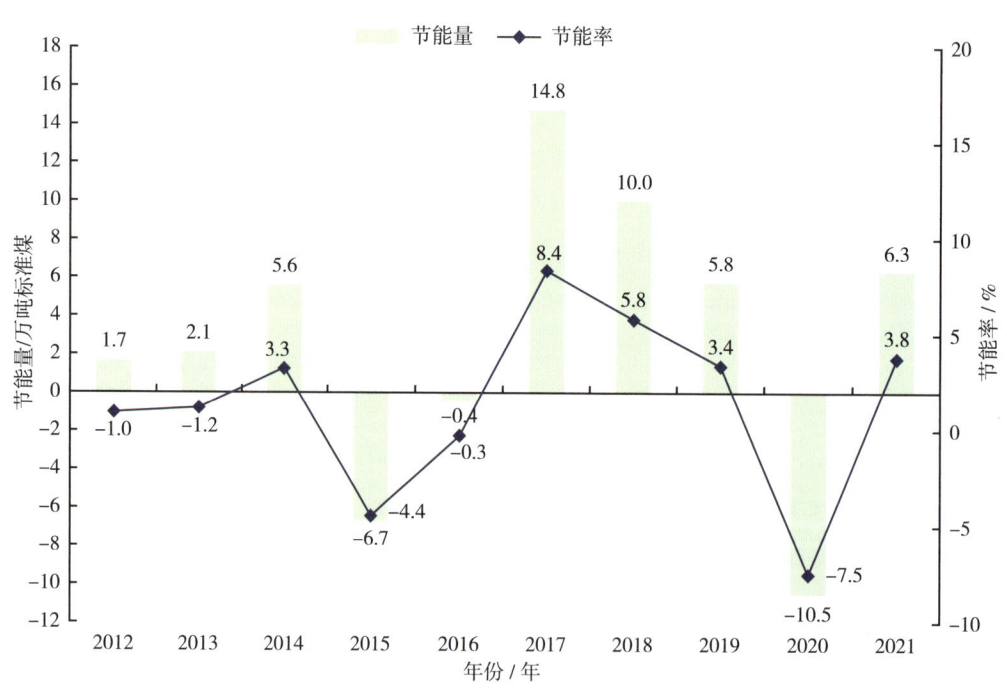

图 2.26　2012—2021 年国家铁路节能量

（资料来源：相关年份《铁道统计公报》）

2.2.3　铁路碳排放

2.2.3.1　铁路碳排放总量

根据国内外交通运输活动二氧化碳排放口径，国际能源署（IEA）以及我国进行碳排放统计时仅包含使用化石燃料燃烧的直接二氧化碳排放，不包含净购入电力及热力等间接二氧化碳排放。从促进全社会节能减碳、鼓励企业提升可再生能源比例角度分析，作为能源消耗企业，直接排放和间接排放均属于碳资产的一部分。国家铁路计算碳排放量时将包含两部分，一是化石燃料燃烧所导致的直接碳排放，二是净购入电力和热力隐含的间接碳排放。

随着我国铁路持续快速发展，机车运用效率不断提高，通过大规模电气化改造、加强节能高效设备的投入力度、节能技改替代燃煤和燃油锅炉等措施降低化石能源使用量，碳减排工作取得了显著成效。2020年，国家铁路直接碳排放量较峰值下降85%，占交通运输行业碳排放量的0.68%，占全社会碳排放量的0.1%。虽然铁路直接碳排量已大幅下降，但包括净购入电力和热力隐含的间接碳排放量随着铁路客货运量的增长仍在增加。根据我国能源消耗总量和能耗结构分析，铁路能耗主要集中在牵引尤其是电力牵引消耗方面。

铁路碳排放核算边界是指核算铁路某一时期内（通常为一年）所有生产设施和业务范围，包括内燃机车、电力机车和动车组运营系统（如机车牵引、车辆维修、线路维护保养、行车调度、通信指挥、电力供应等）及直接为机车运营服务的辅助系统产生的碳排放。表2.3是铁路企业温室气体排放源的组成，以化石燃料燃烧、净购入热力和电力排放为主。

表2.3 铁路温室气体排放源

铁路排放类型	主要耗能设备	温室气体排放种类
化石燃料（柴油、煤炭和天然气等）燃烧排放	内燃机车，站场燃煤、燃油和燃气设备等	二氧化碳
净购入电力、热力排放	电力机车、动车组、站场耗电设施	二氧化碳

铁路碳排放总量等于化石燃料燃烧二氧化碳排放和企业净购入电力、热力产生的二氧化碳排放之和。铁路碳排放总量（E）计算公式如下：

$$E = E_{燃烧} + E_{电} + E_{热} \tag{1}$$

其中，E表示铁路碳排放总量，单位为吨二氧化碳（tCO_2）；$E_{燃烧}$表示铁路净消耗的各种化石燃料燃烧活动产生的温室气体排放量，单位为吨二氧化碳（tCO_2）；$E_{电}$表示铁路净购入电力隐含的二氧化碳排放量，单位为吨二氧化碳（tCO_2）；$E_{热}$表示铁路净购入热力隐含的二氧化碳排放量，单位为吨二氧化碳（tCO_2）。

（1）化石燃料燃烧排放公式

化石燃料燃烧活动产生的温室气体排放量是企业各种化石燃料燃烧产生的温室气体排放量之和，如公式（2）所示，其中二氧化碳排放量计算如公式（3）～

(5)所示。

$$E_{燃烧} = E_{燃烧-CO_2} \quad (2)$$

其中，$E_{燃烧-CO_2}$表示燃烧化石燃料产生的二氧化碳排放量，单位为吨二氧化碳（tCO_2）。

二氧化碳排放计算公式如下：

$$E_{燃烧-CO_2} = \sum AD_i \times EF_i \quad (3)$$

其中，AD_i表示第i种化石燃料的活动数据[①]，单位为吉焦（GJ）；EF_i表示第i种化石燃料的二氧化碳排放因子，单位为吨二氧化碳/吉焦（tCO_2/GJ）；i为燃烧的化石燃料类型。

第i种化石燃料的活动水平AD_i按公式（4）计算：

$$AD_i = NCV_i \times FC_i \quad (4)$$

其中，NCV_i表示第i种化石燃料的平均低位发热量[②]，对固体或液体燃料，单位为吉焦/吨（GJ/t）；对气体燃料，单位为吉焦/万标准立方米（GJ/万Nm^3）；FC_i表示第i种化石燃料的净消耗量，对固体或液体燃料，单位为吨（t）；对气体燃料，单位为万标准立方米（万Nm^3）。

化石燃料的二氧化碳排放因子按公式（5）计算：

$$EF_i = CC_i \times OF_i \times \frac{44}{12} \quad (5)$$

其中，CC_i表示第i种化石燃料的单位热值含碳量，单位为吨碳/吉焦（tC/GJ）；OF_i表示第i种化石燃料的碳氧化率，单位为%。

（2）净购入使用电力和热力产生的排放公式

1）净购入使用电力产生的排放计算公式

排放单位净购入使用电力产生的排放按公式（6）计算：

$$E_{电} = AD_{电} \times EF_{电} \quad (6)$$

其中，$AD_{电}$表示净购入使用电量，单位为千瓦·时（kW·h）；$EF_{电}$表示全国电网排放因子，单位为吨二氧化碳/千瓦·时（$tCO_2/kW·h$）。

2）净购入使用热力产生的排放计算公式

排放单位净购入使用热力产生的排放按公式（7）计算：

$$E_{热} = AD_{热} \times EF_{热} \quad (7)$$

其中，$AD_{热}$表示净购入热力量（如蒸汽量），单位为吉焦（GJ）；$EF_{热}$表示供

[①] 活动数据是指导致温室气体排放的生产或消费活动量的表征值，例如各种化石燃料消耗量、购入使用电量等。

[②] 低位发热量是指燃料完全燃烧，其燃烧产物中的水蒸气以气态存在时的发热量。

热二氧化碳排放因子，单位为吨二氧化碳/吉焦（tCO$_2$/GJ）。

（3）碳排放因子

碳排放因子是测算碳排放的基础，铁路行业碳排放因子缺省值通常取自《陆上交通运输企业温室气体排放核算方法与报告指南（试行）》。铁路运输化石燃料分为煤炭、燃油和其他，间接排放主要包括热力和电力。表2.4为燃料燃烧直接二氧化碳排放因子。

表2.4 燃料燃烧直接二氧化碳排放因子

燃料		单位	低位发热值（吉焦/吨）/（吉焦/万标准立方米）	单位热值含碳量（吨碳/吉焦）	碳氧化率（%）	二氧化碳排放因子（吨二氧化碳/吉焦）
煤炭	无烟煤	吨	24.52	0.0275	0.94	2.32
	烟煤	吨	23.20	0.0262	0.93	2.07
	褐煤	吨	14.45	0.0280	0.96	1.42
	洗精煤	吨	26.34	0.0254	0.93	2.28
	煤制品	吨	17.46	0.0336	0.90	1.94
焦炭		吨	28.45	0.0294	0.93	2.85
燃油	燃料油	吨	40.19	0.0211	0.98	3.05
	柴油	吨	43.33	0.0202	0.98	3.15
	汽油	吨	44.80	0.0189	0.98	3.04
	煤油	吨	43.07	0.0196	0.98	3.03
其他	焦炉煤气	万标准立方米	173.85	0.0136	0.99	8.58
	城市煤气	万标准立方米	52.34	0.0122	0.99	2.32
	油田天然气	万标准立方米	389.31	0.0153	0.99	21.62
	气田天然气	万标准立方米	355.44	0.0153	0.99	19.74
	液化石油气	吨	47.31	0.0172	0.99	2.92
	液化天然气	吨	41.87	0.0153	0.99	2.33

资料来源：表第1列来源于《综合能耗》计算通则（GB/T 2589—2008）；表2、3列来源于《省级温室气体清单编制指南》（发改办气候〔2011〕1041号）；二氧化碳排放因子是指碳完全氧化成为二氧化碳之后与之前的质量值比（即44：12），标准量为3.67。

为规范地区、行业、企业及其他单位核算电力消费所隐含的二氧化碳排放量，确保结果的可比性，国家发展和改革委员会应对气候变化司组织国家应对气候变化战略研究和国际合作中心研究确定了 2011 年和 2012 年中国区域电网的平均二氧化碳排放因子，根据我国区域电网分布现状，将电网统一划分为东北、华北、华东、华中、西北和南方六大区域。全国电网排放因子最早源自《企业温室气体排放核算与报告指南 发电设施》中发布的 2015 年排放因子数据即 0.6101 吨二氧化碳/兆瓦·时，后经历过几次调整，最新的电网排放因子源自生态环境部印发的《关于做好 2023—2025 年发电行业企业温室气体排放报告管理有关工作的通知》，调整为 2022 年度全国电网平均排放因子为 0.5703 吨二氧化碳/兆瓦·时。表 2.5 为外购电网排放因子缺省值。

表 2.5 外购电网排放因子缺省值

单位：吨二氧化碳/兆瓦·时

区域电网	2011 年	2012 年	2015 年全国电网平均排放因子	2022 年全国电网平均排放因子
华北区域电网	0.8967	0.8843	0.6101	0.5703
东北区域电网	0.8189	0.7769		
华东区域电网	0.7129	0.7035		
华中区域电网	0.5955	0.5257		
西北区域电网	0.6860	0.6671		
南方区域电网	0.5748	0.5271		

资料来源：2011 年和 2012 年数据为中国区域电网平均二氧化碳排放因子；2015 年数据源自《企业温室气体排放核算与报告指南 发电设施》；2022 年数据源自《关于做好 2023—2025 年发电行业企业温室气体排放报告管理有关工作的通知》。

根据《陆上交通运输企业温室气体排放核算方法与报告指南（试行）》，供热的二氧化碳排放因子暂按 0.11 吨二氧化碳/吉焦计，将根据生态环境部发布的最新数值实时更新。

2.2.3.2 碳排放强度

碳排放强度是指每单位换算周转量所排放的二氧化碳量，用于衡量运输周转量与碳排放量的关系。铁路碳排放强度经历了三个阶段的发展，总体而言，当碳排放增长率低于客货运周转量增长率时，碳排放强度下降；当碳排放增长率高于客货运周转量增长率时，碳排放强度上升。2005—2008 年，碳排放总量增长速度远低于客货运周转量增长速度，因此该阶段碳排放强度持续下降。2009—2016 年，碳排放增长速度总体远高于客货运周转量的增长速度,因此碳排放强度出现转头向上的趋势。2016年以后,客货运周转量的增长速度再一次超过碳排放量的增长,碳排放强度开始下降。

铁路运输按照运输对象分为客运和货运,按照牵引形式分为机车牵引和非牵引。在分析单位碳排放时,按照交通能源消费及碳排放研究成果,铁路碳排放强度直接取决于运输碳排放强度和运输量。

$$碳排放强度 = \frac{总碳排放量}{客/货运周转量}$$

(1) 客运及货运碳排放强度

1) 客运单位碳排放:

$$单位旅客周转量碳排放 = \frac{客运碳排放总量}{客运总周转量}$$

2) 货运单位碳排放:

$$单位货物周转量碳排放 = \frac{货运碳排放总量}{货运总周转量}$$

(2) 牵引及非牵引碳排放强度

1) 机车牵引单位碳排放:

$$牵引工作量碳排放强度 = \frac{总碳排放量}{累计牵引工作量}$$

$$内燃机车碳排放强度 = \frac{内燃机车碳排放量}{内燃机车牵引工作量}$$

$$电力机车碳排放强度 = \frac{电力机车碳排放量}{电力机车牵引工作量}$$

2) 客站碳排放:

需要按照人流量排放强度和客站排放强度进行分类研究。

$$客站人流量碳排放强度 = \frac{客站能源消耗对应的碳排放量}{旅客流量}$$

$$客站面积碳排放强度 = \frac{客站能源消耗对应的碳排放量}{车站总建筑面积}$$

2.2.3.3 铁路用能的碳排放

铁路能源消耗品类主要分为电力、油类和煤炭三种,其中牵引用能包括电力和油类,其他为非牵引用电、用油和用煤。

铁路能耗可分为牵引能耗和非牵引能耗。牵引能耗指用于机车牵引所消耗的能源总量;非牵引能耗指除牵引能耗外的能源消耗量,包括暖通空调、照明、信号、通信及给排水等相关设备能耗。2012—2015年,我国铁路牵引能耗比例和非牵引能耗比例基本保持一致。2016—2019年,随着燃煤消耗量的大幅度降低,非牵引能耗比例逐年下降，牵引能耗比例显著提升，能源使用效率有所提高，侧面反映出我国铁路能源消耗情况整体向好。

铁路能耗包括主营用能产生的能耗和辅营用能产生的能耗。其中，主营用能指直接从事铁路客、货运输服务及其主要运输设备维护管理的生产经营及相关管理工作使用的能源。辅营用能即铁路运输企业主营以外的其他经营工作使用的能源。

铁路主要耗能设备集中于主营用能，包括以下几类：一是机车及动车组，为运输牵引能耗设备，主要消耗柴油和电力；二是空调发电车，专门为旅客列车提供电力供应的空调车厢，主要消耗柴油和电力；三是锅炉设备，最主要的非牵引能耗设备，煤炭消费均用于锅炉，一部分分布于各运输生产单位，另一部分集中在生活服务单位。

目前，内燃机车、电力机车和动车组是铁路最主要的耗能设备。由于电气化改造工程的持续开展，内燃牵引线路里程逐年减少，内燃机车数量和能耗量逐年降低，电力机车逐步成为我国铁路主要机车类型。

2.3 铁路对交通运输体系节能降碳的重要作用

2.3.1 铁路技术经济特点

与公路运输、民航运输相比，铁路运输单耗具有明显的比较优势，而且电气化铁路既节能又能替代石油。铁路运输方式的技术经济优势主要体现在以下几个方面。

（1）运输量大

目前，铁路运输一般16编组动车组可载旅客1000人左右，一列货车可装2000～3500吨货物，重载列车可装2万吨货物。

（2）速度快

我国一般铁路列车的时速可以达到120～160千米，高铁动车组时速可达200～350千米。目前我国正在研发更高速度等级的动车组列车。

（3）可靠性强

由于铁路运输受气候等自然条件的限制较小，对环境的适应性强，所以具有较强的可靠性。

（4）对环境的污染小

由于我国铁路大都是以电力作为动力源，排放的有害气体较少，因此对环境的污染也少。与公路和航空运输方式相比，铁路对环境和生态平衡的影响程度较小。

（5）运输成本较低

由于铁路运输一般都是中长距离、大运量运输。固定成本基本不变，可变成本随运量增加而增加。因此，铁路运输的单位运输成本比公路运输和航空运输成本低。

2.3.2 铁路节能降碳的比较优势

2.3.2.1 铁路单位运输量能耗低

各种运输方式的节能减排效果比较，其中最重要的是能源强度的比较。从能源强度来看，航空单位能耗最高，公路、铁路、水路和管道能源强度相对较低。如图 2.27 所示，2020 年国家铁路用交通总能耗的 3.7% 完成了 25.8% 的换算周转量，说明铁路单位运输工作量能耗约为交通行业单位运输工作量平均能耗的 1/7。因此，加快发展铁路，提高铁路在运输市场中的份额，可以直接提升交通行业整体能效，进而对促进整体节能减排具有重要意义。

图 2.27 国家铁路能效与交通运输行业能效比较

（数据来源：2016—2020 年《交通运输行业发展统计公报》和《铁道统计公报》）

2.3.2.2 铁路用能结构优

能源消费结构是否优化以及优化的程度，反映一种运输方式的质量高低以及低碳程度。随着中国高速铁路的快速发展，电气化铁路比重有了大幅度提高，铁路"以电代油"范围进一步扩大，从而使铁路牵引能耗结构发生了明显的变化。煤、电、油三者比例关系的改变，表明铁路牵引能源消费方式发生了巨大变化。公路运输方面，由于近年来新能源汽车数量不断增加，以及油改气车辆的增加，公路"以电代油"和"以气代油"比重不断升高，公路能源消费结构有所优化，但仍以柴油和汽油为主，清洁能源占比有所上升。民航运输过程的能耗全部为航空煤油，民航机场地面保障车辆设备中，电力比例达到 5%，场站清洁化运营水平较高，综合能耗以电力、天然气、外购热力为主。水路运输能源消耗主要以柴油为主，液化天然气消耗量占比较少。因此，铁路也成为迄今为止在综合交通运输方式中牵引能耗结构变动最优的运输方式，这种转变将直接推动交通运输行业整体能耗结构的调整和优化。

2.3.2.3 铁路碳排放少

根据中国铁道科学研究院统计数据，2019年，铁路客运市场占41.6%份额、货运市场占21.6%份额。从碳排放总量来看，2019年公路、民航、水路和铁路分别占86.76%、6.09%、6.47%、0.68%，公路运输是中国交通碳排放最多的运输方式，铁路具有明显的节能减排优势。公路运输碳排放总量最大且增速较快，占比基本稳定在80%以上。由于中国航空运输业的高速发展，航空运输碳排放逐年增长，水路运输碳排放量增长逐步放缓，如图2.28所示。

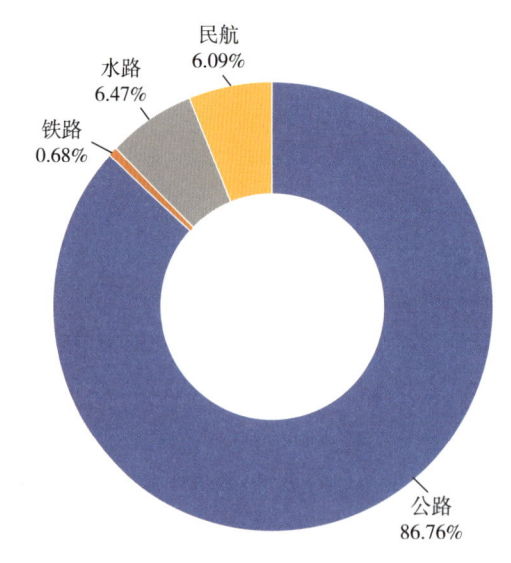

图 2.28 2019年中国交通运输行业二氧化碳占比

[数据来源：李晓易，谭晓雨，吴睿，等. 交通运输领域碳达峰、碳中和路径研究 [J]. 中国工程科学，2021，23（6）：15-21.]

因此，铁路是节能环保型交通运输方式，在碳减排方面有明显的比较优势。加快发展铁路，提高铁路在运输市场中的份额，对推动交通运输综合低碳发展具有重要意义。

2.4 本章小结

本章从铁路低碳发展实施现状、铁路节能减碳状况和铁路对交通运输体系节能降碳的重要作用三方面阐述了我国铁路低碳发展的现状。

根据碳排放测算方法的测算，我国铁路直接碳排放量已大幅下降，但间接碳排放量随着铁路客货运量增长仍在达峰过程中，碳排放强度整体处于下降趋势。与公路运输、民航运输相比，铁路运输单位能耗具有明显的比较优势，而且电气化铁路既节能又能替代石油。因此，铁路的节能不仅在于自身能源利用效率，更在于替代其他运输方式的节能和改善能源结构效应。

发展现状方面，在运输结构调整、"公转铁"相关政策的支持下，运输结构调整取得初步成果。随着电气化及节能技术的发展，铁路运输装备水平取得了显著提高，电力机车、动车组和重载铁路货运装备不断发展。铁路网建设、绿色勘察设计技术、绿色低碳施工建造技术已成为行业发展的新趋势，在基础设施设计阶段逐步融入绿色理念。能源消费结构中电力占比最高，用能结构持续优化。节能减碳现状方面，通过不断提高机车利用效率，大规模电气化改造，加强节能高效设备的投入力度，节能技改替代燃煤和燃油锅炉等措施降低化石能源使用量，碳减排工作取得了显著成效。

参考文献

[1] 国家铁路局. 2021年铁道统计公报[EB/OL].（2022-04-28）[2023-1-14] http://www.nra.gov.cn/xwzx/zlzx/hytj/202205/P020220902306837015869.pdf.

[2] 国家铁路局. 国家铁路局关于印发《"十四五"铁路科技创新规划》的通知[EB/OL].（2021-12-14）[2022-10-14]. http://www.gov.cn/zhengce/zhengceku/2021-12/24/content_5664357.htm.

[3] 交通运输部. 交通运输部关于印发《加快推进绿色循环低碳交通运输发展指导意见》的通知[EB/OL].（2013-05-22）[2022-10-14]. http://www.gov.cn/gongbao/content/2013/content_2466586.htm.

[4] 中国长期低碳发展战略与转型路径研究课题组，清华大学气候变化与可持续发展研究院. 读懂碳中和中国2020—2050年低碳发展行动路线图[M]. 北京：中信出版集团，2021.

[5] 国务院. 打赢蓝天保卫战三年行动计划[EB/OL].（2018-07-03）[2022-10-14]. http://www.gov.cn/zhengce/content/2018-07/03/content_5303158.htm.

[6] 国务院办公厅. 推进运输结构调整三年行动计划（2018—2020年）[EB/OL].（2018-10-9）[2022-10-14]. http://www.gov.cn/zhengce/content/2018-10/09/content_5328817.htm.

[7] 国务院办公厅. 推进多式联运发展优化调整运输结构工作方案（2021—2025年）[EB/OL].（2022-01-07）[2022-10-14]. http://www.gov.cn/zhengce/content/2022-01/07/content_5666914.htm.

[8] 国家发展改革委办公厅. 陆上交通运输企业温室气体排放核算方法与报告指南（试行）[EB/OL].（2015-07-06）[2022-10-14］. https：//www.ndrc.gov.cn/xxgk/zcfb/tz/201511/t20151111_963496.html?code=&state=123.

[9] 生态环境部办公厅. 企业温室气体排放核算方法与报告指南 发电设施[EB/OL].（2022-12-19）[2023-01-10］. https：//www.mee.gov.cn/xxgk2018/xxgk/xxgk06/202212/t20221221_1008430.html.

[10] 国家市场监督管理总局, 国家标准化管理委员会. GB/T2589-2008综合能耗计算通则[S]. 北京：中国标准出版社, 2020.

[11] 国家发展改革委. 省级温室气体清单编制指南（发改办气候〔2011〕1041号）[EB/OL].（2011-05）[2023-01-10].

[12] 李晓易, 谭晓雨, 吴睿, 等. 交通运输领域碳达峰、碳中和路径研究[J]. 中国工程科学, 2021, 23（6）：15-21.

[13] 孙帮成, 李明高, 安超, 等. 高速列车节能降耗关键技术研究[J]. 中国工程科学, 2015, 17（4）：69-82.

第 3 章 铁路低碳发展的路径

铁路在推进交通碳达峰碳中和中发挥着重要作用。虽然我国铁路低碳发展已经取得显著成效,并在诸多方面位居世界前列,但仍存在发展短板。铁路低碳发展需要聚焦重点领域、重点方向不断挖潜提效和寻求突破,需要着眼交通强国建设明确发展目标、制定实施路径,稳步推进铁路实现碳达峰碳中和。

3.1 铁路低碳发展的主要领域和潜力

3.1.1 铁路低碳发展的主要领域

铁路作为一种交通运输方式,其核心业务是运输生产。在运输生产环节,运输经营过程中各种运输设施设备的运用和各种设施设备自身的能耗水平是影响运输生产碳排放的关键因素。此外,铁路建设作为形成铁路运输能力的前期过程,也与碳排放有密不可分的关系。所以,铁路的低碳发展应重点关注以下三个方面。

1)运输经营低碳水平。运输经营策略决定了运输产品的供给和运输组织的调度指挥。通过优化运输产品供给,可以提升铁路的市场竞争力,吸引旅客、货主选择铁路运输,促进运输结构调整,降低交通运输系统能耗和排放水平。通过提高运输组织调度指挥水平,可以充分利用设施设备能力,提高载运工具的满载率,或减少移动设备的无效走行,从而减少不必要的能耗和排放,提高运输的整体能效水平。

2)设施设备低碳水平,包括设施设备的能效水平、排放水平、轻量化水平、能量回收利用水平等。通过研发并推广各类针对铁路运输设施设备的节能低碳新技术,对铁路运输设施设备实施低碳化改造升级,可有效降低铁路运输的能耗和排放。

3)铁路建设环节低碳水平。铁路建设可分为三个部分。一是铁路网规划:

铁路网规划环节通过优化路网布局和完善运力资源分布，促进重点地区铁路客货运输增量，推动运输结构调整。二是铁路勘察设计：通过在勘察设计阶段落实低碳环保理念，实现线路、车站的选线、选址绕避生态敏感区和低碳节能技术的广泛应用，最大限度减少铁路建设对生态环境的影响；同时，通过优化铁路线路坡度、曲线和站场布局，可以减少运营期的能耗与排放。三是施工建设：该过程也是产生能耗和碳排放的重要环节，通过优化施工作业工法，应用节能低碳施工装备和技术，可以有效降低该环节的能耗和排放。所以，从全行业的角度讲，铁路建设也应作为铁路低碳发展的主攻方向之一。

综上所述，铁路低碳发展的主要领域聚焦于三个方面，运输经营领域低碳发展、运输装备领域低碳发展和基础设施建设领域低碳发展。

3.1.2 运输经营领域低碳发展的潜力

3.1.2.1 货运产品供给

近年来，我国货物运输结构调整取得了一定成效，铁路运输的市场份额有所提升，但目前我国铁路货物发送量的市场份额仍处于较低水平。对于部分地区、部分品类货物运输来说，目前铁路运输与公路运输相比缺乏市场竞争力，制约了铁路货运量的进一步增加。所以，铁路在用好运输结构调整有关国家政策的同时，还需要依靠自身产品优势吸引货物运输"公转铁"。铁路需要对自身货运产品做进一步优化，有效提升货物运输的服务质量，提高市场吸引力，促进运输结构调整。

3.1.2.2 旅客列车能效水平

按照物理学的观点，能效是指在能源利用中，发挥作用的能耗量与实际的能耗量之比。从消费角度看，能效是指为终端用户提供的服务与所消耗的总能源量之比。所谓"提高能效"，是指用更少的能源投入提供同等的服务。从能效的概念来看，旅客运输能效的提高意味着完成单位旅客周转量的能耗降低。

一般而言，旅客列车运行过程中的能耗主要是牵引能耗，牵引能耗可以大致分为三个部分：克服阻力的能耗、牵引列车自身重量的能耗和牵引旅客及携带物品重量的能耗。其中，克服空气阻力能耗和牵引列车自身重量能耗均与旅客数量无关，该部分能耗可被视为固定能耗；牵引旅客及携带物品能耗则与旅客数量呈正相关关系，该部分能耗可被视为可变能耗。在计算单位旅客周转量能耗时，列车的固定能耗将被分摊至每人千米。显然，每人千米分摊的固定能耗与列车的客座率成反比例关系。列车客座率越高，每人千米分摊的固定能耗越少，即列车完成单位旅客周转量对应的能耗就越低，列车整体的能效水平就越高。因此，提高列车客座率是提高列车能效水平的有效手段。

3.1.2.3 货物运输有调中转

对不能开行装车的直达列车的车流，往往在运输过程中需要进行有调中转。有调中转需要在铁路的技术站[①]完成，该作业包括牵出、推送等产生货车位移的过程，而这些过程均需要内燃调车机提供动力，从而消耗燃油并产生碳排放。一般而言，货车在技术站内进行一次有调中转需要产生3～5千米的位移，对大型技术站而言，每天有超过1万辆货车在站内进行有调中转作业，据此估计可产生站内周转量3万～5万车千米，并消耗相应的燃油量，产生碳排放。由于技术站内的周转量不能被计入运输工作量，所以该部分的碳排放可以被认定为不产生运输工作量的额外碳排放。在计算单位工作量碳排放水平时，该部分额外碳排放将被分摊至铁路货运的单位周转量，从而使铁路货运的单位碳排放增加。一般而言，铁路货运的有调中转量是可以通过优化运输组织进行压缩的。所以，在铁路低碳发展的要求下，应当通过进一步优化运输组织减少有调中转量，从而减少该部分作业产生的碳排放。

3.1.2.4 货车空驶里程

铁路货物运输的空车是根据装车需求在全国范围内进行调配的。空车调配的过程不产生货物周转量，但是会产生能耗和碳排放。该部分能耗和碳排放将被分摊到单位吨千米的能耗和碳排放，从而降低铁路货运的能效水平，并增加了碳排放。因此，压缩货车空驶里程也是提高铁路货物运输能效水平、减少碳排放的重要手段。未来，我国优化空车调配方案，减少空车走行车千米，还有一定的潜力可挖。

3.1.2.5 铁路多式联运发展

发展以铁路为骨干的多式联运，有利于提高铁路货运的市场份额，促进运输结构调整，实现交通系统的节能低碳。目前，我国的铁路多式联运发展相对滞后。2020年，欧美五大港口（鹿特丹港、安特卫普港、洛杉矶港、汉堡港、纽约港）集装箱吞吐量完成5075万标准箱（TEU），海铁联运量为863万标准箱，占17.0%。我国四大港口（上海港、宁波舟山港、广州港、深圳盐田港）集装箱吞吐量完成10874万标准箱，海铁联运量为148.9万标准箱，占1.4%。我国集装箱海铁联运比例明显低于欧美主要港口。2021年，我国铁路集装箱货运量5.66亿吨，

---

① 技术站是指办理货物列车技术作业的车站，主要包括区段站和编组站。其中，编组站通常设在有大量车流集中或消失的地点，或几条铁路线的交叉点，它的主要工作是改编车流，即大量解体和编组各种货物列车；区段站设在机车牵引区段的分界处，它的主要工作是办理货物列车的中转作业，进行机车的更换或机车乘务组的换班，以及解体、编组区段列车和摘挂列车。

仅占铁路货运量的 11.8%。对比发达国家，美国、法国、英国集装箱货运量占比分别为 49%、40%、30% 左右。此外，2020 年我国沿江主要港口铁路集疏运量的平均占比约 5%，铁水联运发展水平整体不高。可见，我国铁路多式联运发展水平仍需进一步提升。

3.1.3　运输装备领域低碳发展潜力

3.1.3.1　新型节能运输装备

面对日渐严峻的环境问题，世界上多个国家都在新能源动力机车方面开展了大量研究和应用工作。其中，英国、意大利、德国、比利时、荷兰、法国、俄罗斯、日本等国家在新能源动力机车研发应用方面走在世界前列，相继研发出太阳能、风能、氢燃料、天然气为动力的新型列车，为列车牵引供电及列车空调、照明等供电。图 3.1 为世界首款氢燃料电池列车 Coradia iLint。

图 3.1　世界首款氢燃料电池列车 Coradia iLint

（图片来源：https://pixabay.com/zh/photos/hydrogen-trainset-fuel-cell-4276984/）

氢能源列车近年来逐渐成为多个国家争相研究和推广的新型列车。氢能源作为可再生的绿色能源，是我国"十四五"规划纲要中明确提出的未来六大产业之一。发展氢能源动力运输装备是实现交通领域"零排放、碳中和"的重要途径。氢燃料电池以氢氧作为燃料，是将化学能转为电能的装置，具有能量密度高、启动快和工作温度低等优点，是交通运输领域减排的主要动力系统。随着大功率氢燃料电池技术得到突破性进展，氢燃料电池列车在轨道交通方面具有极大的应用前景，可满足有轨列车对于功率的需求，并且氢能产业链与电池关键技术在不断完善，各国对燃料电池研究投入大量的人力、物力，出台许多相关的政策，共同推动氢燃料电池列车的发展。

高速磁浮列车是依靠磁浮力推动的列车，由于轨道的磁力使之悬浮在轨道上方，行走时不需接触地面，因此只受来自空气的阻力，具有低能耗的特点。2016年5月，我国自主设计、制造的磁浮列车在长沙投入使用，时速100千米，标志着我国成为继德国、日本、韩国后全球第四个掌握中低速磁浮技术的国家。2021年7月，我国时速600千米高速磁浮试验样车在青岛下线，标志着我国掌握了高速磁浮成套技术和工程化能力。

总体来说，我国在新型动力机车研究方面起步较晚，与日本、德国、法国等发达国家存在一定的差距。近年来，我国在氢能源列车、磁浮列车、混合动力机车等研发领域逐渐发力取得了一定的成果，部分技术处于领先地位，但在以太阳能、风能、天然气为动力的新能源机车方面仍缺乏试验性及产品化研究。

3.1.3.2 列车牵引节能技术

目前，我国铁路列车制动时优先采用再生制动方式，牵引电机转换为发电机运行，将制动产生的动能转换为电能返送至牵引网。在重载、长大坡道线路或铁路枢纽站所，列车再生制动能量甚至可以达到牵引能量的10%～30%。然而，目前高铁再生制动能量利用率极低，若能提高再生制动能量利用率，高铁能耗问题将得到明显改善。

高铁为交流供电制式，负荷功率高，波动性大，运行工况复杂，牵引/再生制动工况交替频繁，且具备与电力系统能量双向流通的特点。研究发现，单个再生制动过程再生制动能量较少，但总再生制动能量丰富，且主要由短时间大功率和长时间大功率两类典型再生制动过程产生。

随着再生制动回收相关技术的深入研究，列车再生制动能量回收利用系统应根据牵引负荷变化和沿线配电所负荷变化实时调整各部分设备运行方式和控制策略。将列车再生制动能量不仅应用于相同供电臂上牵引工况列车，同时更多的应用于沿线车站、动车所以及通信和信号设备，大大提高了能量回收利用效率。因此，应重点研究应用储能、能量回馈系统相结合的再生制动能量回收利用系统，最大限度地提高能量利用效率和灵活性。

近年来，国内研究机构和学者对铁路再生制动牵引供电系统构造方法、变流器控制技术、储能系统组成技术和能量回馈系统控制方法进行了深入研究，并通过小型模拟实验装备验证了再生制动回收利用系统的节能效果和经济效果。再生制动能量利用装置的构成及工作原理如图3.2和图3.3所示。

3.1.3.3 节能环保计量监测装备

能源计量是用能企业开展碳资产管理和节能减排的一项重要的基础性工作。

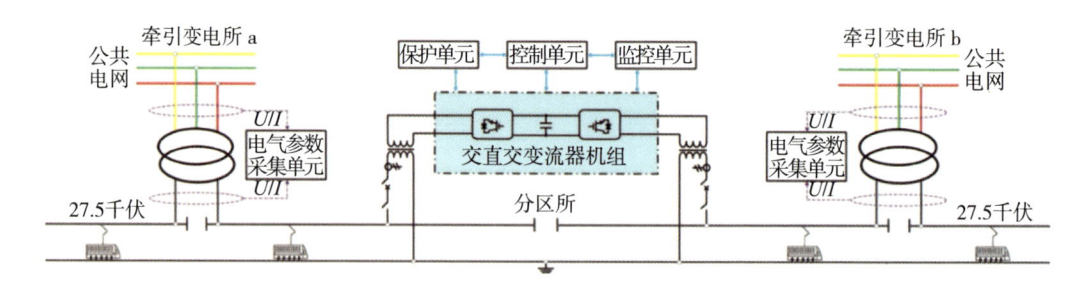

图 3.2　再生制动能量利用装置的构成

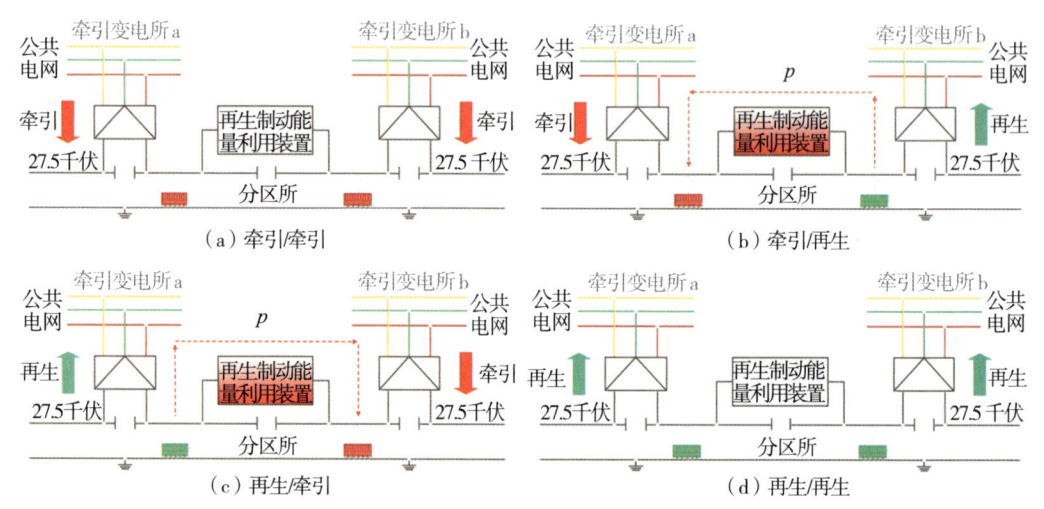

图 3.3　再生制动能量利用装置的工作原理

注：红色箭头表示变电所处于牵引工况；绿色箭头表示变电所处于再生工况。

[图片来源：吕顺凯. 电气化铁路再生制动能量利用装置节能检验与计量方案研究[J]. 铁道技术监督，2021，49（3）：21-25.]

"十三五"期间，国家铁路制定发布了《铁路节能环保监测管理办法》，其中对能源计量器具的配备、监测信息报告制度等内容进行了规范。图 3.4 为能源计量监测体系。通过调研发现，铁路用能场所数量多且分布零散，准确快速地获取能源基础数据较困难。虽然铁路较早地开展了建设项目节能评估，加强了源头管理，在设计文件里明确了计量器具要求，但由于器具质量水平参差不齐、信息化水平不足等诸多原因，导致铁路在能源计量方面仍存在短板，存在较大的改进空间。

1）计量器具配备有待进一步加强。目前，部分铁路站段的用电计量只能做到 2 级计量，很少能够做到 3 级计量[①]，且部分电力机车用电计量设备陈旧老化，对日常能耗数据的统计、指标分解考核等管理工作造成了一定影响。

---

① 国家强制性标准 GB 17167—2006 对能源计量的管理级别取消了原来的三级模式，改为用能单位、次级用能单位、用能设备三个等级。在铁路领域，2 级计量即站段用能计量，3 级计量即设备用能计量。

2）前期设计方案存在一定缺陷。早期投入运营的铁路建筑在设计源头存在能源计量设计不足的情况，只有基本收费表和转供表，没有内部管理所需的二级表和三级表，也未预留加装计量器具的接口，导致后期能源计量改造的难度和投资量加大；目前既有的计量器具大部分为机械表，不具备远程传输数据的功能，为日常抄表工作和数据准确统计带来不便。目前，部分铁路企业正在加快推进智能表的安装。

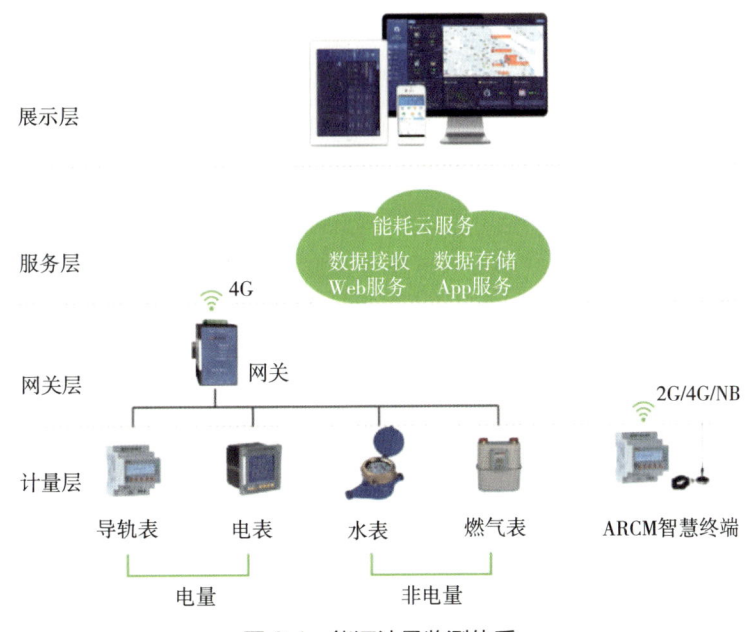

图 3.4 能源计量监测体系

（图片来源：http://www.labbase.net/News/ShowNewsDetails-1-19-F6FA495F98BF6C52.html）

综上所述，铁路未来可在前期设计完善能源计量设计方案、补齐既有建筑能源器具配备、提升智能计量器具比例、加强日常维护等方面开展工作，全面提升铁路能源管理的基础能力。

3.1.4 基础设施领域低碳发展的潜力

3.1.4.1 绿色铁路网

中共中央、国务院印发《交通强国建设纲要》明确提出构建安全、便捷、高效、绿色、经济的现代化综合交通运输体系，要求绿色发展、节约集约、低碳环保，绿色交通发展水平明显提升并位居世界前列。铁路作为绿色交通体系构建的关键支撑，必然要进一步发挥铁路的绿色比较优势，推进交通方式的深度融合、优势互补，着力提高运输市场份额，不断增强在综合交通运输体系中的骨干作用和地位，以绿色铁路助力绿色交通体系构建。

1）促进干线铁路、城际铁路、市域（郊）铁路和城市轨道交通融合发展，形成与其他交通方式紧密衔接的大容量、集约化轨道交通客运系统，引导更多乘客选择铁路绿色出行，提高铁路承运比重。

2）构建以铁路为主体的绿色低碳货运网络体系，推动大宗货物和中长途货物运输向铁路转移，引导适宜货源通过铁路运输，促进运输结构调整，降低社会物流成本。

3.1.4.2 绿色勘察新技术

随着大数据、人工智能、5G等智能交互技术的迅速发展，传统勘测技术面临转型升级，铁路勘测技术朝着智能勘测方向发展。基于北斗、遥感、SAR等空间卫星，基于固定翼飞机、无人机等天空飞行器及基于移动测量车、智能测量船、地面激光雷达等地面设施的空天地一体化数据采集系统发挥着越来越重要作用，减少人力、物力投入的同时，对多源数据的采集更加精准、高效、便利与保密，更加符合绿色勘测理念。勘察方面，争取实现在机械化与信息化的高度融合，进一步发展出具有自感知、自学习、自决策、自实施功能的智能化勘察技术，实现减少资源消耗的同时获得准确的工程信息。主要发展方向可以从智能遥感、智能物探、绿色钻探三个维度来概括。

1）智能遥感：主要包括卫星定位勘测技术、高分卫星遥感技术、InSAR形变监测技术、卫星热红外遥感隧道地热异常识别技术、多光谱、高光谱隧道地层岩性识别技术、卫星遥感及测绘技术（低分辨率）、高分无人机测绘技术、高分无人机勘察技术、机载激光雷达技术、航空相片解译技术、热红外航空扫描图像技术、多波段航空图像解译技术等。

2）智能物探：主要包括用于岩溶及土石界面探测的等值反磁通瞬变电磁技术（TEM）及微动探测技术等。

3）绿色钻探：主要包括新型钻探硬件技术及施工方案。新型钻探技术主要为轻便型动力头式全液压钻探技术；施工方案则是根据钻探工作对环境的破坏类型制定有效的环保措施，例如在复杂山区深钻孔场地采用索道等绿色运输形式运输设备、物资等。

3.1.4.3 绿色低碳设计关键技术

随着国家生态保护的要求，铁路边坡绿化、绿色通道建设相关技术取得一定进展，并发布了相关技术标准，同时也初步开展了取弃土场绿化等设计，出现了一批最美高铁、森林高铁、绿色铁路工程，但铁路工程绿色设计、低碳设计尚处于初级阶段，对影响绿色低碳设计的外部和内部关键要素需开展系统识别及研究，外部要素主要考虑工程沿线各种因素对铁路工程低碳绿色建设的约束或支持，包括自然环境、资源环境、生态保护要求、技术水平、人文环境及社会经济发展水平等，在不同生态功能区、不同经济发展区及不同人文环境区影响水平均有差异。内部要素主要考虑通过设计提升铁路工程绿色低碳功能，如选线选址、路桥隧工点设计、施工组织及大临工程设计、绿色通道建设、取弃土场生态恢复设计等。

3.1.4.4 低碳绿色站房技术

随着高铁里程的逐步增加，投入使用的铁路大型客站的数量也逐年增加，此部分的能耗已经成为铁路非牵引领域中的重要组成部分。通过调研分析，大型客站的能源管理工作在以下几方面存在着较大的提升和完善的空间。

1）早期部分客站设计方案存在不足。如部分早期投入运营的客站在暖通设备、空间结构、墙体等方面的设计存在不足，增加了能耗。一些早期大型客站站房净空过高，增加客站热负荷，提高了暖通空调能耗。部分建成时间久远的客站墙体传热系数过高，空间密闭性差，影响了空调效果。

2）节能技术应用情况不佳。首先是节能技术应用范围有限，采用能源管理系统和空调智能管理系统的客站占比较低，导致部分客站照明、电梯、暖通等设备仍然需要人工进行控制；其次是日常维护管理不力，在采取能源管理系统和空调智能管理系统的客站中仍有一定比例不能正常使用，造成了资源闲置浪费。

3）站城一体化绿色设计深度存在不足。目前，国内以铁路为主体的站房枢纽一体化设计还主要体现在站房单体建筑中铁路与公交和城市轨道交通融合方面，对于站房建筑本身与周边市政深度融合方面还有所欠缺，在站房枢纽选址与城市规划的协调、土地功能综合集约利用、站房枢纽与城市立体空间一体化、站房枢纽与城市设计景观一体化等方面有待进一步研究和深入挖掘；站房枢纽绿色低碳潜力开发不足，在集约化、复合化、高开发强度的站城一体化建设模式下，建筑自然通风、建筑自然采光、综合体屋面光伏一体化、暖通绿色节能技术、智能能源管理、雨水收集利用、中水资源利用等绿色低碳技术尚未得到充分挖掘，车站枢纽在城市绿色发展方面带动作用不足。

3.1.4.5 绿色施工建造技术

1）需建立绿色低碳建造管理制度。在绿色低碳施工建造方面，铁路在建设中积累了大量技术经验及理念，但受参建方管理、技术及理念差异，各建设项目差异较大，亟须系统研究总结现有建造技术经验，建立绿色低碳建造管理制度。

2）亟须开展智能建造技术研究。目前，铁路低碳施工建造在提高机械化程度、降低人员占用等方面进行了大量研究，如钢结构桥梁自动下料与数字加工、隧道凿岩台车、路基智能压实等取得了一定的效果。在简支箱梁钢筋绑扎、隧道智能机械装药的钻爆施工技术、路基边坡支挡防护结构智能施工方面有待进一步发展，如深化开展混凝土浇筑和养护技术、简支梁智能运输和架设技术。深入开展大跨度桥梁虚拟建造技术研究，研发大型支座、缆索、伸缩装置等自感知设备，研究大直径桩基础、缆索吊机、主缆施工等智能机械设备等。研究集成地质信息随钻检测、爆破方案智能化设计、智能机械装药的钻爆施工技术。研究路基边坡支挡防护结构预制与智能施工技术，深化贯穿路基动力学设计–智能化施工–高精度检测的路基智能填筑等。

3）亟须开展以标准化、轻型化为特征的装配式结构研究与应用。在绿色低碳理念的指导下，铁路预制装配式结构的研究和应用取得了一定进展，如京雄城际铁路部分工程采用了装配式桥墩、装配式桥面系，京张铁路在隧道装配式衬砌、装配式路基方面开展应用。随着绿色施工建造的发展，预制装配式结构的全工序自动化生产成为建造的关键，通过典型土建装配式结构形式研究，构建适合绿色施工、工业化施工的结构体系，使结构更具简单化、标准化，简化施工工序流程，降低资源消耗。同时，研究基于信息化管控系统的预制构件智能生产和拼装技术，加强装配式结构生产、拼装和铺设环节的自动化生产技术研究，形成配套自动化施工装备，降低建造过程对作业人员、施工场地资源的占用。

4）需加强土石方综合利用技术及弃渣低碳绿色运输工艺研发。铁路基础设施具有线路长、土石方总量大等特点，最大限度综合利用土石方资源可有效减少临时占地、弃渣运输能耗，需攻克相关技术，进一步提升土石方综合利用率。如路基挖方土方改良再利用技术、隧道洞渣性能快速评价技术、洞渣混凝土骨料及机制砂加工技术、TBM洞渣利用技术、弃渣地方造地技术及政策支持。另外，为进一步降低弃渣运输能耗，需研究使用皮带、管道等绿色运输工艺。

3.2 铁路低碳发展的实施路径

3.2.1 铁路低碳发展实施的阶段任务

铁路低碳发展的实现既要与国家实施碳达峰碳中和的总体部署保持一致，确保交通领域在各个阶段达到要求，又要符合铁路降碳的基本规律和特点，确保实现最有效率和可持续。总的来说，铁路低碳发展的实施路径可分两个阶段。

3.2.1.1 第一阶段：2023—2030 年

该阶段围绕运输结构调整、运输组织优化、新能源装备技术发展和绿色建造技术应用开展，包括打造高效顺畅的现代流通体系，加快推进"公转铁"重点项目建设，推进大宗货物及中长距离货物运输向铁路有序转移；提高货物列车直达化比例和旅客列车产品能效水平；强化铁路节能环保计量监测能力建设，加强数字信息管理应用；积极推广机车永磁同步牵引系统、节能型牵引变压器、再生制动等牵引节能技术；研究新能源机车车辆，逐步应用氢燃料电池、动力电池、超级电容等新能源机车；全面推广绿色勘察设计技术和绿色施工建造技术在铁路建设中的应用。届时，铁路运输产品供给将进一步优化，运输组织水平会进一步提高，节能低碳装备技术取得明显进步并有效推广，绿色建造技术得到广泛应用。铁路能源利用效率明显提升、碳排放强度显著下降。铁路绿色低碳优势和综合交通骨干作用全面增强，铁路绿色发展水平全面提升。

3.2.1.2 第二阶段：2030—2060年

该阶段重点聚焦于新能源装备的大规模应用和铁路低碳市场化机制，包括大规模推广应用新能源机车车辆；推动光伏发电技术在铁路车站全面应用；推广应用新型节能材料；推动车辆轻体化技术；参与绿色电力交易、碳排放交易、推广碳普惠机制，利用可再生能源或林业碳汇项目等抵消机制帮助铁路企业实现碳中和。届时，除应急交通工具外，铁路运输动力将实现非化石能源替代，建成与自然资源承载力相匹配，更加高效集约、更加绿色低碳的铁路体系，助力实现碳中和。

3.2.2 铁路低碳发展的方向

就具体实施而言，铁路低碳发展主要包括以下几个方面。

3.2.2.1 大力推动运输经营领域节能降碳

优化铁路运输产品供给，提升铁路市场竞争力，助力运输结构调整，促进交通行业节能降碳。以提高铁路客货运输能效水平为核心目标，优化客货运输组织。

1）客运方面，通过运输组织创新，实现运输供给与需求的精准匹配，贯彻落实"一日一图"的组织理念，提高列车的客座率，降低单位旅客周转量的能耗水平，提高能效水平。

2）货运方面，针对有调中转、空车调配等不产生货物周转量的耗能环节，通过优化货物列车编组计划、提高空车调配调度水平等措施，减少有调中转作业量及空车走行里程，进而实现节能减排。

同时，加快建立各种交通方式融合发展技术标准，推进以内贸宽体箱、外贸标准箱为主的内外贸集装箱运输体系建设，推进铁路集装箱多式联运，推进不同运输方式信息共享，提升多式联运效率，降低全程运输碳排放。

3.2.2.2 持续加强绿色装备技术创新及应用

加快节能环保铁路运输装备应用，推广应用混合动力铁路运输装备。在满足铁路运输需求的前提下，加快新能源动力机车、混合动力机车、车站装卸设备的研发和应用，进一步扩大新能源移动装备的应用范围。

有效提高列车牵引节能技术。聚焦永磁同步牵引系统、列车再生制动技术和车体轻量化技术三个主攻方向，从减少能源消耗和加强能源回收利用两方面入手，进一步提高铁路移动装备能效水平。

3.2.2.3 积极推广基础设施绿色建设

铁路规划坚持绿色发展理念，提高城市和物流节点的铁路覆盖水平，畅通"前后一公里"，促进运输结构调整，提高铁路客货承运比重，努力构建集约高效的客运系统和绿色低碳的货运服务体系。

铁路选线中加强生态环保方面的人才和技术投入，将"生态优先""保护优先"作为选线重要原则，将占地、土石方、土地生态功能、生态影响等作为重要选线指标，积极研究总结环保选线技术和方法。

3.2.2.4 稳步提升运输结构调整承接能力

从路网布局优化、点线扩能改造、运输组织提升三方面共同发力，稳步提升运输结构调整承接能力。

1）路网布局优化方面，一是加快高速铁路建设，释放普速铁路网货运能力；二是扩大普速铁路网覆盖，完善路网布局。

2）点线扩能改造方面，一是打通线路能力瓶颈，保证通道货流畅通；二是畅通枢纽节点，确保点线能力协调；三是完善集疏体系，构建物流链条。

3）运输组织提升方面，一是调整客货列车开行结构，释放线路货运能力；二是优化货车车流径路，均衡分布运力资源；三是完善多式联运组织，促进铁路货运增量。

3.2.2.5 加速推进铁路低碳市场化机制

一是有序推进合同能源管理。加快节能新技术、新产品在铁路系统中的推广和应用，促进节能减排工作的开展；二是参与绿色电力市场交易；三是积极跟进碳排放交易政策动态，持续加强碳排放数据的管理，对各铁路企业的数据进行精细化管理。利用抵消机制即自愿核证减排量（CCER）帮助铁路企业抵消排放。试点推广碳普惠机制，促进公众低碳出行。

3.2.2.6 逐步有序优化铁路运输能源结构

从提高铁路电气化比率和电力牵引周转量比重方面入手，提高铁路总体电气化水平。推进铁路企业购买绿电，降低煤电使用比例。借鉴已有的国内外绿电交易经验，积极与相关发电企业合作，逐步增加购入绿色电力比例，进一步优化用电质量，发挥铁路电气化的比较优势。

3.3 本章小结

本章梳理了铁路行业能耗和碳排放的主要来源以及影响因素。对运输主业而言，能耗和碳排放的产生主要来源于运输生产的相关设施设备，而相关设施设备的能耗和碳排放的量则取决于铁路运输的经营策略和设施设备自身的技术条件，因此运输经营和相关设施设备是铁路低碳发展的重点关注领域。同时，铁路的基础设施建设也是铁路行业耗能与排放的重要环节，同样应作为铁路低碳发展的重点关注领域。

本书将铁路低碳发展的主要领域界定在运输经营、运输装备和基础设施三个方面，分析了这三方面节能降碳的主要潜力，指出了铁路低碳发展需要进一步做的工作。在此基础上，提出了铁路低碳发展的任务和实施路径，从运输经营、装备技术、绿色建设、承接能力、市场化机制、能源结构六个方面阐述了铁路低碳发展的工作方向。

参考文献

[1] 中国交通低碳转型发展战略与路径研究课题组. 中国交通低碳转型发展战略与路径研究[M]. 北京：人民交通出版社，2021.

[2] 黄民. 新时代交通强国铁路先行战略研究[M]. 北京：中国铁道出版社，2020.

[3] 孟凡强. 铁路实现绿色发展的路径探讨[J]. 铁路节能环保与安全卫生，2019，9(5)：14-17.

[4] 谢汉生. 铁路能源计量器具配备现状及应用策略分析研究[J]. 铁路节能环保与安全卫生，2016，6(2)：86-89.

[5] 周彦华. 大型旅客车站节能策略研究[J]. 低温建筑技术，2016，38(4)：153-155.

[6] 魏鹏. 铁路大型新客站节能工作的几点探索[J]. 上海铁道科技，2014(3)：100-101.

[7] 尹守迁，刘孝先，曹斌. 铁路大型客站采用合同能源管理的实践与思考[J]. 上海节能，2019(10)：839-842.

[8] 马龙，黄茵，白晓军，等. 铁路行业推行合同能源管理存在的问题及分析[J]. 铁道运输与经济，2012，34(2)：91-94.

[9] 刘新. 合同能源管理在铁路企业的应用分析[J]. 铁路节能环保与安全卫生，2017，7(5)：244-245.

[10] 杨浩. 铁路运输组织学（第四版）[M]. 北京：中国铁道出版社，2017.

[11] 陈维荣，钱清泉，李奇. 燃料电池混合动力列车的研究现状与发展趋势[J]. 西南交通大学学报，2009，44（1）：1-6.

[12] 汪培桢，杨升. 氢能有轨电车应用综述[J]. 装备制造技术，2020（2）：196-199.

[13] 冯聪，罗聪，明平文，等. 氢燃料电池列车研究进展[J]. 内燃机与配件，2022（19）：103-105.

第 4 章　铁路低碳发展的关键技术

铁路低碳发展要紧紧依靠技术进步和创新发展，依托新技术、新装备实现铁路低碳发展愿景。科技是第一生产力，只有通过持续的技术创新，才能真正推动铁路全面实现低碳化。铁路低碳发展的关键技术主要体现在运输经营、运输装备和基础设施建设三大领域。

4.1　运输经营低碳化技术

4.1.1　优化运输产品

4.1.1.1　客运产品

随着我国高速铁路的快速发展，我国铁路旅客运输进入了新时代。铁路部门依托发达的高速、普速铁路网和现代互联网技术，开发出覆盖不同速度等级、面向多样化旅客运输需求的各类旅客运输产品。从高速舒适的高铁列车，到经济实惠的公益性"慢火车"，各式各样的铁路旅客运输产品正在不断丰富并优化旅客的出行体验。

客运产品按运行图分为图定列车和临客列车。图定列车又分为日常、周末、高峰三种，临客又分为基本方案、应急方案；按使用车底分为动车组、普速旅客列车；按开行范围分为跨局（直通）、局管内列车；按列车等级分为高速动车组（G）、动车组（D）、城际（C）、直达特快（Z）、特快（T）、快速（K）、普快、普慢、市郊（S）等；按发到时刻分为夕发朝至、朝发夕至等列车。不同类别的客运产品满足了不同地区、不同时段、不同类别旅客的出行需求。此外，针对日益旺盛的旅游出行需求，铁路部门开发了丰富多样的旅游列车产品，吸引大量游客乘坐，乘坐旅游列车成为现代旅游新时尚。

随着客运产品越来越丰富，越来越多的旅客选择铁路低碳出行。铁路客运量逐步攀升，市场份额稳步增长。全社会旅客运输的结构不断优化，旅客运输低碳效果显著。

4.1.1.2 货运产品

货物运输在产品优化方面也做出了诸多努力与尝试。铁路部门针对不同品类货物运输需求打造了差异化的货运产品，涵盖大宗货物运输、集装箱运输、零散货物快运、特种需求运输等多种货运服务，创建了一批颇具特色的货运品牌，面向不同货物品类、体积重量、发到地点、运到期限等多种物流需求。根据95306网站显示，目前我国铁路货运的产品包括大宗货物直达班列、集装箱运输班列、批量零散货物快运、快运班列、国际班列、高铁快运、特需运输、大宗商贸物流等。货运产品的发展对提高铁路运输竞争力，促进运输结构调整起到了一定的作用，但货物运输结构调整还有很长的路要走，铁路货运的市场份额还有很大的提升空间。铁路在开发多样性的货运产品的基础上，还应做好各类货运产品的供需适配工作，改善各类产品的供给结构、产品质量和服务水平，不断提升铁路货运市场竞争力，吸引更多客户选择铁路运输，助力运输结构调整，促进整个物流系统的节能低碳。

4.1.2 优化运输组织

4.1.2.1 提高客车客座率

为适应客流的波动、提高铁路列车运营效率和节能减排，铁路部门提出了"一日一图"的策略。"一日一图"是指以市场需求为导向，针对各时期客流特点，动态调整列车开行计划，使运行图与当日客流相适应的组织模式。与传统的列车开行计划不同，"一日一图"模式下列车开行计划包括基础运行线和加开运行线两部分，基础运行线通常固定不变，代表每日固定开行的列车；加开运行线是在基础线之上根据客流波动情况加开的列车运行线，在周末、节假日、春暑运等客流高峰期视客流情况启用。

基于"一日一图"的组织理念，为实现"按流行车"，列车运营组织过程中应构建多种列车开行方式，包括日常线、周末线、高峰线三类运行线。不同种类的运行线对应于不同列车开行规律，并与对应时期的客流规律相匹配。日常线满足日常旅客出行需要，一般符合每日、周中开行等规律；周末线满足周末客流高峰出行需求，但周末不仅限于周六、周日，也可包含周一、周五；高峰线满足春运、暑运、小长假等客流高峰，随着不同时段调整。此外，为更好地适应客流波动，列车可采用可变编组，在调整开行计划时，实行先调整列车编组，后调整列车开行数量的组织策略，即客流波动时优先考虑增减现有列车编组，然后考虑是否加开或停开列车。

专栏 4.1：广州局集团公司普速铁路"一日一图"实践

2019 年以来，中国铁路广州局集团公司为应对普速铁路客流波动的问题，在普速铁路积极尝试"一日一图"措施。

1）在客流旺季，参考历年节假日客流市场特点和出行规律，编制全年高峰期运行图。在周末或节假日，由客运部门根据客流需求选线开行，满足旅客出行需要。同时，在周末取消天窗，以提升干线短途运力。过去受日间施工天窗影响，广州局集团公司管内客流量较大的京广线、石长线存在较长时段无列车运行，如京广线下行长沙至株洲间 17:00～20:00 为施工天窗时间，导致周末等客流需求较大的时段短途客流流失。为此，广州局集团公司适时根据客流情况，在周末等客流高峰期取消施工天窗，积极加开管内旅客列车。

2）在客流量不足时，通过停运部分旅客列车以释放货运通道能力。涉及社会公益的 17 对管内旅客列车安排每日开行，根据客流情况安排 4～8 辆短编组运行。运行区段无高速铁路平行径路或高速铁路运能不足，且客座率高于 60% 的 12 对管内旅客列车安排每日开行，实行淡季减编、旺季扩编。针对 6 对管内旅客列车实行周二至周四停运或淡季停运的运营策略。

4.1.2.2 减少货车有调中转

有调中转是铁路货物运输产生碳排放的环节之一（见第 3 章），也是节能降碳挖潜的重要环节，本节主要介绍铁路货物运输产生中转作业的原因以及减少中转作业的主要技术手段。

（1）有调中转产生的原因

货物运输与旅客运输的组织形式有较大差异。旅客运输的组织形式是先形成固定的旅客列车车底，旅客在客运站乘降。一般而言，多数货物列车没有固定车底。货物先送到铁路货场或专用线，再将货物装载到一辆或几辆铁路货车上，然后通过机车将装有货物的货车送至技术站集结编组成货物列车。

为充分利用线路的通过能力，货物列车要求达到指定的编成辆数。例如某区段指定的整列货物列车编成辆数是 50 辆，那么该区段的货物列车需要在技术站集结够 50 辆才能发车。对于运量较小的起讫点，集结满一列起点到终点直达的货物列车可能需要的时间较长。例如某两个站之间平均每天只有 5 车的运输需求，那么该两点间编开一列 50 辆的直达货物列车需要集结 10 天，这显然是不满足运输时效性要求的。针对这种情况，铁路部门采用"中转运输"的模式。即先将去向大致相同的货车组成一列，到达前方技术站后将列车分解拆散，将该技术站运输去向大致相同的货车组合成列继续向前运输，如此步步推进，直到将货车送至终点站。该模式可以通俗地理解为，为了减少集结等待时间，让货车和去向基本一致的其他货车"拼列走"，当"拼列"的货车在下一个节点在相应的技术站"中转"，"中转"的时候继续将货车"拼列"，该"中转"过程的专业称呼即为有调中转。图 4.1 为郑州北编组站的鸟瞰图。

图 4.1 郑州北编组站鸟瞰图
（图片来源：http://k.sina.com.cn/article_3994494943_ee1727df00100p18w.html?from=news）

（2）减少有调中转的主要措施

减少有调中转主要有两方面措施，一是积极组织点到点的装车地直达列车；二是通过优化技术站货物列车编组计划减少有调中转次数。

1）积极组织装车地直达列车。货物运输直达化是衡量铁路运输组织水平的重要标志之一。组织装车地直达运输可以最大限度地减少中间作业环节，实现运输组织工作高效化，并减少碳排放。总体上讲，铁路在组织装车地直达运输方面主要聚焦于以下工作。

一是加强大宗货物运输营销工作。对于大宗物资集散地，通过主动与相关厂矿、港口等企业加强对接，用好用足铁路价格浮动优惠政策，制定并完善量价互保规则，签订中长期合作协议，吸引大批量大宗物资选择铁路运输，为开行装车地直达列车提供货源基础。

二是做好运输组织及配套设施设备规划工作。加强直达运输全过程的装车、运行、中转、卸车、返空等各个环节的协调配合，统一规划煤矿、钢厂、电厂、港口和储运基地的运输、装卸及仓储设备的技术改造，以求逐步实现整列装卸、直入直出的要求；做好枢纽地区联络线、编组站直通车场、机车及车辆检修基地等方面的规划工作，以适应直达列车运行的需要。

2）优化技术站货物列车编组计划。对于必须采用"中转模式"运输的货车，需要通过优化货物列车编组计划的方法尽可能减少有调中转次数。货物列车编组计划是铁路货物运输重要的生产技术文件，它决定了路网上车流在哪些车站编成列车，编组哪些种类和到站的列车，以及各种列车应编入的车流内容和编挂办法等。货物列车编组计划的作用可以通俗地理解为：该文件决定了货物运输过程中哪些货车"拼车走"，"拼"到哪里进行中转，中转后再和哪些货车"拼列车"。

从关于有调中转产生的原因可以看出，中转运输在节约集结等待时间的同时，也会增加中转的时间、能源消耗以及碳排放。因此，针对技术车流优化货物列车编组计划的核心目标是权衡好集结和中转的关系，使集结和中转的综合成本最小化。在铁路低碳发展的背景下，可以根据需要将碳排放成本的权重适当提高。该目标的实现是通过调整将货车组合成列车（即前文提到的"拼车"）的方案实现，包括哪些货车"拼"成一列，"拼"成列的货车在哪个技术站中转等。

根据有关研究，对于一条铁路线，当该线路上有 4 个技术站时，备选编组方案有 10 个；5 个技术站时，备选编组方案有 150 个；6 个技术站时，备选编组方案数为 7800 个；7 个技术站时，备选编组方案数量将高达百万以上。由此可见，随着技术站数目的增加，可能的编组计划方案数迅速增加。我国铁路网规模庞大，结构复杂，实践中的备选编组方案数将是个天文数字。

为解决技术站货物列车编组方案备选集规模庞大的问题，我国铁路采用分块优化的方法，将全国铁路划分为若干个铁路方向，按各铁路方向分别优化货物列车编组方案。在此基础上，国内外铁路工程师、专家学者开展了大量研究，提出了一些方法。这些方法可大致概括为两大类：一类是绝对计算法，即对所有可能方案都加以计算，而后从中择优选用；另一类是分析计算法，即按一定的原则与程序对各具体编组去向及车流有利组合方式进行分析比较，然后确定取舍。这些计算方法，过去主要是以手工方式完成的，故又称为传统的方法。

随着计算机技术及运筹学技术的迅速发展和广泛应用，20 世纪 60 年代以来，最优化技术的应用已深入铁路运输计划与管理的各个领域。在货物列车编组计划优化方面，也有了许多可用计算机求解的模型与算法。目前，该类模型与算法距离实践应用还有一定的距离，但是随着计算机技术的进一步发展，未来有望实现货物列车编组计划的自动优化。

4.1.2.3 减少空车走行

空车调配的主要目标是，在保证运输需求或运输效益最大化的前提下，尽可能地压缩空车走行里程，以减少碳排放。在空车调配过程中应遵循以下原则：一是满足运输组织的基本规则；二是最大限度减少空车的调配量；三是对需要调配的空车按最短径路调配；四是尽量消除同种空车和可以互相代用空车在同一径路上的对流运输；五是在保证货物和行车安全的条件下采取车种代用方式。

基于上述空车调配的基本原则，在铁路运输生产实际中广泛采用的空车调配方法主要有三种：正常调整、综合调整和紧急调整。

1）正常调整也称计划性平衡调整，它是在正常运输情况下根据计划规定的空车调整任务安排日常空车调配计划的一种方法。这种方法主要是在各铁路运输企业根据货运计划调整装卸车工作量之后，再依据装卸车差数进行补充和排出空车的调整。正常调整主要适用于装卸车稳定以及车流波动很小的正常运输情况。

2）综合调整的实质是通过合理的组织空车方向的移交车辆，增加空车方向的重车流，减少一定数量的空车流，实现车辆的合理运用调整。随着运量的增长，实践中要求采用对重空车流的综合调整措施，使到达企业的装车同卸后排空紧密结合起来。综合调整不是取消空车的调整，而是将重空车流的调整过程相互联系起来。综合调整中的重车流调整包括分方向装车调整、密集装车调整、限制或停止装车调整，以及变更车流运行径路调整等多种措施。

3）紧急调整是由于特殊紧急需要或为加速车辆合理分布而采取的非常措施。采用这种方法时，通常规定排空的铁路运输企业按指定的企业间贯通列车线编开固定空车直达列车，编挂一定数量或一定车种的空车，在指定期限送往用车地点。由于这种调整方式可能造成在某些区间发生同种空车的对流等情况，所以只能在特殊情况下采用，以调度命令形式公布实施。

通常情况下，空车调配优化可采用运筹学方法，根据空车供给企业与需求企业的空间分布和具体的供需数量，以减少空车走行里程为目标，以满足空车需求为必要条件，构建相应数学模型，获取满意的空车调配方案。此外，铁路也在积极尝试"重去重回"的运输组织模式，减少空车走行。"重去重回"模式主要适用于承担煤炭下水和矿石上水的港口集疏运。装载煤炭的列车在港口卸空后，再装载在该港口上水的矿石离开港口。该模式可以充分利用货车资源，减少空车走行。

4.1.2.4 优化货车车流径路

2021年，围绕高铁成网后路网结构和能力发生的变化，铁路相关部门对全路货车车流径路和计费径路进行了系统整体优化调整，共有96条线路的车流回归最短或最优径路，路网整体效率大幅提高，货主运输成本极大节约。随着后期既有普速铁路货运能力的释放和改造提升，将为更多货流回归最短径路创造空间。由此，宜持续追踪运输需求变化，结合路网能力提升情况，及时调整车流径路，一方面实现路网能力的充分利用，另一方面进一步压缩运到时限和物流成本，提高铁路运输的市场竞争力，促进货流向铁路回归和转移。

4.1.3 发展重载运输

重载铁路是在一定的技术装备条件下，采用大功率内燃或电力机车，扩大列车编组长度，使牵引重量和输送能力达到一定标准的运输方式。重载运输充分发挥了铁路的规模经济效益，具有运能大、效率高、成本低等显著优势，是一种高效节能低碳的大宗货物运输方式，是世界铁路货物运输的发展方向，也是铁路货运现代化的重要标志。

20世纪60年代末，美国率先开始发展重载运输，通过提高轴重、增加装载能力等举措，推动重载运输快速发展，并带来了可观的经济效益，美国铁路货运也因此得以复兴。

20世纪80年代以后，随着新材料、电力电子、信息技术等现代高新技术在铁路上的广泛应用，重载铁路运输技术及装备水平不断提高。美国、澳大利亚、加拿大、俄罗斯、巴西、南非等国家的铁路通过大力发展重载运输技术，铁路生产效率、货运量得到极大提高。以1980年为基数，1999年北美一级铁路生产率（即每1美元运营成本所获得的吨英里周转量）提高了171%，货车平均容量提高15.1%，而事故率降低了64%，运行成本（10亿吨英里的支出）下降了65%。

20世纪90年代，我国开始发展重载运输。经过30多年的努力，在重载铁路技术和运营管理上都取得了显著成绩，先后建成大秦、朔黄、瓦日、浩吉等重载铁路，各线路基本情况如表4.1所示。重载铁路以其规模经济优势，降低了铁路运输的单位成本和能耗。同时，重载铁路也以其能力优势，承接了大量由公路转移而来的货运量，为运输结构调整和构建低碳交通体系作出了贡献。

表 4.1 我国主要重载铁路基本情况

名称	建成年份（年）	里程（千米）	2021年货运量（亿吨）
大秦铁路	1992	653	4.21
朔黄铁路	1999	598	3.64
瓦日铁路	2014	1260	0.83
浩吉铁路	2019	1814	0.55

专栏 4.2：大秦铁路重载运输

大（同）秦（皇岛）铁路是 20 世纪 80 年代为解决晋煤外运问题而修建的我国第一条双线电气化重载运煤专线，途经山西、河北、北京、天津 4 省市，全长 653.02 千米，成为雁北、平朔、内蒙古、宁夏、陕北等地区煤炭外运的重要通道。煤炭可由大同经本线路运至秦皇岛后，再通过海路运至东部沿海和其他地区。

2002 年，大秦铁路完成货运量 1.034 亿吨，已超过原设计能力，由此进行了第一次扩能改造，近期设计能力年货运量 2 亿吨、牵引质量 2 万吨，设计车重载运营速度 80 千米/时。扩能改造后，大秦铁路开行了 5000 吨、10000 吨和 20000 吨重载组合列车，重载列车数量逐步增加。见图 4.2。

图 4.2 大秦铁路万吨重载列车

（图片来源：中国铁路太原局集团公司）

2008 年，大秦铁路完成货运量 3.402 亿吨，再次超过设计能力。为了进一步提升大秦铁路运输能力，于 2008 年开始对大秦铁路进行第二次扩能改造，目标为年运量 4 亿吨。2010 年运量首次达到 4 亿吨。2014 年试验开行 3 万吨重载列车，成为我国重载铁路运输的里程碑。大秦铁路可谓一条"绿色运输线"，依托铁路干线运输以及两端的皮带和管道运输，实现货物运输全过程的经济低碳环保。

大秦铁路历年货运量及增长率情况如图 4.3 所示。

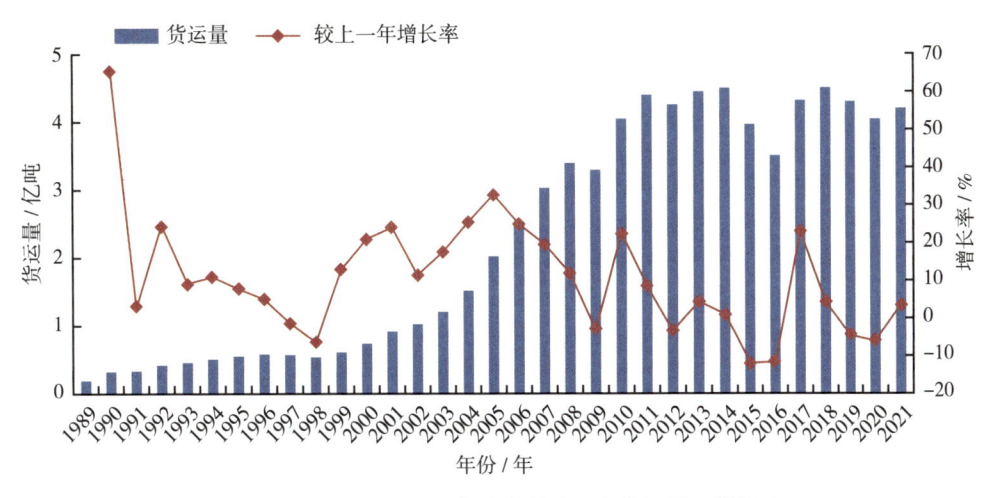

图 4.3　1989—2021 年大秦铁路历年货运量及增长率

4.1.4　发展多式联运

4.1.4.1　发展多式联运的主要方向

多式联运是由两种及其以上的交通工具相互衔接、转运而共同完成的运输过程。作为一种集约高效的现代化运输组织方式，多式联运能够充分发挥各种运输方式的比较优势和组合效率。典型的多式联运如图 4.4 所示。

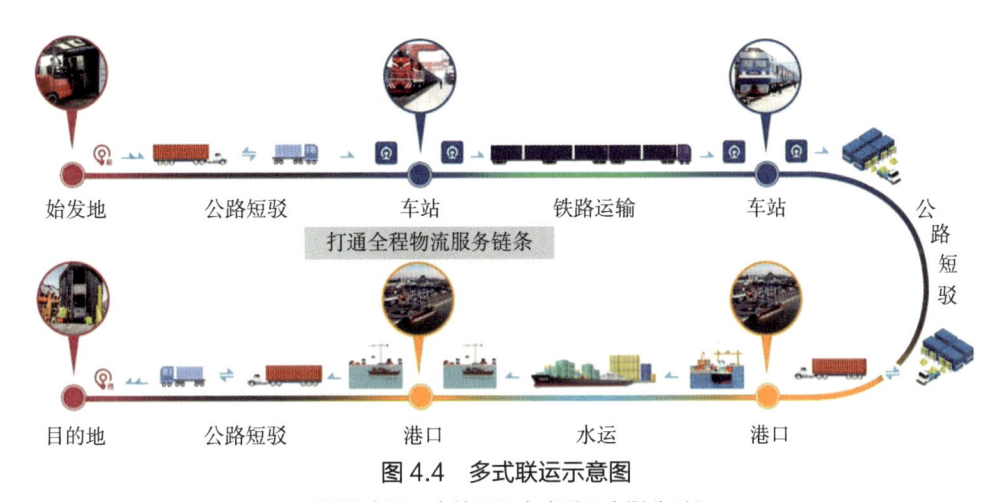

图 4.4　多式联运示意图
（图片来源：中铁国际多式联运有限公司）

在"双碳"战略背景下，大力发展以铁路为骨干的多式联运，有利于充分发挥铁路节能低碳的优势，对推动低碳交通发展具有重要意义。目前，我国铁路多式联运发展取得了一定成就，联运量稳步提升，但与国外先进水平相比差距仍然较大，仍是我国现代综合交通运输体系的短板。总体上看，我国铁路多式联运在时效性、运输组织、服务水平、设施设备、运营模式和政策支持等方面还需进一步提升。

4.1.4.2 优化多式联运运输组织

（1）优化铁路场站作业组织

结合铁路集装箱办理站和作业站的功能特点，优化作业组织。集装箱办理站可向综合物流园区发展，主要受理集装箱托运业务，处理客户相关需求；集装箱作业站配备高效的装卸设备和合理的站场布局，能够满足列车快进快出需求。集装箱办理站和作业站之间可通过第三方物流公司经公路短驳或高频次固定车底小运转循环列车完成集运，集装箱班列主要途经区域集装箱作业站运行，提高全程运输效率。

（2）打造多式联运铁路通道

当前集装箱运输通道能力与运输需求存在不适应的现象，以宁波—舟山港为例，其集装箱海铁联运量增长迅猛，四年间翻了两番，2020年突破了100万标准箱，但由于萧甬线绕道运输以及沪昆线能力不足，其海铁联运量增长仍受到了很大抑制。此外，不少铁路干线既承担了大宗物资运输，又是集装箱运输的主通道，大宗货运对运输能力的占用影响十分明显。因此，需从发展战略视角明确多式联运的重点通道，将开行多式联运班列的优先级别进一步提高，选择有量支撑、效益好的线路作为铁路多式联运重点通道，在站场设施配套、运行图安排、运输调度等方面给予全方位支持，同时还可以将干线普速客运列车适当优化，引流上高速，释放干线货运能力。通过打造示范通道，提高铁路集装箱多式联运的运输时效。

（3）开行客车化班列

客车化、高频次、准时性的集装箱多式联运服务是铁路未来市场竞争力的核心。围绕货源集中度高的区域，结合铁路多式联运重点通道的建设，进行客车化+固定车底的多式联运班列开行，打造适应市场需求的多样化班列品牌产品。客车化班列产品的开行将有效缩短运到时限，提升运输产品质量。

此外，优化港前站站场布局、短驳作业流程、装卸设施设备，减少集装箱多式联运衔接作业时间，也是提升多式联运效率的必要措施。

4.1.4.3 推动多式联运铁路信息服务提升

（1）加快多式联运信息平台建设

依托95306货运服务系统，着眼于打造铁路多式联运信息互通共享平台的目标，加快完善多式联运信息平台的功能和数据归集，实现多式联运全过程信息化管理及与港口、海关及其他物流企业信息交换，实现铁路现车装卸车、货物在途、到达预确报信息共享，以及港口装卸、货物堆存、船舶进出港、船期舱位预定等联运信息互联共享，为客户提供订舱、支付、发票、信息跟踪和查询等功能，不断提升多式联运信息化服务水平。

（2）推进智能多式联运物流园区建设

目前，铁路正大力推进物流基地建设，规划到2025年建成262个一、二级物流基地，这为物流园区智能化建设创造了条件。物流园区智能化建设主要内容包括数字化集装箱堆场系统、集装箱门吊远控系统、货场数字化门禁系统、装卸设施设备控制系统、货场自动转运机器人系统等。由于智能多式联运物流园区建设初期投入较大，以及目前大多数铁路集装箱作业站的作业量较小，可以考虑在作业量较大的多式联运物流园区积极推进数字化场站建设试点，逐步强化智能化功能，形成示范效应。

（3）探索推进铁路多式联运"一单制"应用

在铁路货运电子运单基础上，积极推动多式联运单证电子化。依托国际铁路联运运单、中国国际货运代理协会多式联运提单等探索推进多式联运单证物权化，扩大在"一带一路"国际联运和国际贸易中的应用范围。加强多式联运电子提单试点推广，以铁海联运为重点，创新"一站托运、一票到底""一单制"服务模式，为客户提供保险、融资、通关等增值服务。推进水运、航空、铁路和大型公路运输企业等向多式联运经营转型，探索网络平台货物多式联运经营新业态，提高全程组织和服务能力，实现"一箱到底""一单到底"。

4.1.4.4 加强多式联运"硬件"设施建设

（1）积极开展多式联运技术装备研发

坚持"国际箱+内陆箱""铁路箱+自备箱"并行发展，研发集装箱新装备，积极组织适箱货源入箱，大幅度提升铁路集装化比例。大力发展20英尺（1英尺=0.3048米）35吨敞顶箱，开展45英尺34吨集装箱试运，着力发展20英尺、40英尺国际标准集装箱，积极发展大容积、大载重内陆箱。在发展通用箱的同时，提高普通罐箱、液化天然气罐箱、冷藏箱、保温箱、干散货箱、平台箱、台架箱以及适应货物特点的其他特种箱等新的集装箱箱型研制开发应用力度。大力发展集装箱专用平车和共用平车，推进物流装备技术创新，推广应用160千米/时和220千米/时的快速集装箱专用车、关节式集装箱车、4×20英尺/2×40英尺长大集装箱车，积极探索与双层箱运输适应的新型特种平车，提升车辆运输速度和装载能力，压缩运到时限，增强铁路快捷货运市场竞争力。研发推广经济实用、适用于中小货场的轻量化集装箱装卸机械，大力推广托盘、集装袋等标准化设备。

（2）加快铁路专用线建设

加快铁路专用线建设进度，实现铁路干线与重要港口、大型工矿企业、物流园区等的高效联通和无缝衔接。鼓励铁路企业、有关企业和地方政府加强合作，按照市场化原则推进铁路专用线共建共用，规范线路使用、运输服务收费项目和标准，增强铁路专用线运输市场竞争能力。全面开放铁路专用线投资建设、运营维护市场，支持各市场主体按照市场化原则，共同建设铁路专用线，在打通铁路运输"前后一公里"上补强发力。

（3）推进内陆港布局建设

一是围绕产业、贸易、物流等要素，从全国层面规划布局"公共内陆港"、无水港，打造内陆铁路口岸，共同服务经济腹地重叠的相近港口，同时服务铁路、船运公司，避免重复建设和资源浪费；二是优先利用既有、改扩建铁路场站进行布局建设，重点关注铁路主通道内货源集中的综合枢纽；三是积极对接规模较大的公路内陆港，通过引入铁路线路，将公路内陆港升级为公铁多式联运内陆港。

4.1.4.5 推动多式联运"软件"协同创新

（1）推进行业标准化建设

积极推动行业标准化建设，打造衔接紧密、转换顺畅的多式联运服务系统，推进多式联运深度融合。一是积极推进各种设施设备、物流场站、集装箱码头等技术标准的协调对接，实现联运过程各种技术标准统一；二是积极推进多式联运法律法规、责任划分、保险理赔以及企业互认的多式联运专用提单单证系统建设，加快实施物流全程"一单制"；三是积极推进制定适用于各种运输方式的集装箱装载、危险品认定标准，建立集装箱危险品品类目录；四是积极推进构建货物电子赋码制度，推进电子货物清单，形成包含货单基本信息的唯一电子身份，实现电子标签码在多式联运全链条、全环节的互通互认。

（2）促进集装化资源统筹

研究解决海内外集装箱、还箱点互使共管问题，减少空箱无效调拨和拆箱环节，提高集装箱利用率，加快集装箱周转，降低箱使费，降低联运成本。

1）共同推进建立铁路箱和海运箱共用机制。铁路与船公司应加强合资合作，共同建立箱使协作机制，进一步打通铁路箱下水、海运箱上路的制度障碍。协商制定合理的集装箱相互使用费、返空费、堆场免堆期、箱使免费期等政策，避免因政策不同出现不必要的掏箱和公路运输等情况。

2）针对铁路、海运各自还箱点实际情况进行优势互补，相互提供还箱服务。铁路庞大内陆场站可作为海运箱还箱点，提供内陆箱管服务，解决海运箱内陆还箱问题，扩大海运箱上铁路运输；船运公司完善的海外还箱点也可以作为铁路箱还箱点，解决铁路海外还箱点不足的困难，推动铁路箱更多参与国际铁海联运业务。

3）积极拓展铁路境内外还箱点建设。借鉴有经验的物流企业，加快境外还箱点和回程运输组织体系建设，探索在铁路货场拓展验箱、洗箱、修箱等功能，为客户提供"单程使用、境外还箱""往返使用、入境还箱"等用箱模式。

（3）加强一关三检合作

虽然我国海关已建立统一监管平台和数据管理系统，各海关之间报通关业务信息交换在技术上已无障碍，但在实际操作中，只有与口岸海关签订协议的内陆海关才能进行异地报关、转关等操作，不但限制了用户对货物进出口岸的选择，也在一定程度上影响了海铁联运的发展。一关三检（海关，商品、动植物和卫生检验）畅通与否直接影响进出口货物联运效率，相对于其他运输方式，铁路拥有高封闭性、高可控性、高安全性等技术特征，在明晰责任的前提下，海关监管铁路专列开行十分便捷。可将已建成的铁路大型场站全部纳入多式联运海关监管中心范围，打造一站式服务，实现数据互通和异地报关，转移港口海关抽检作业，开行内陆海关监管专列，提升多式联运效率。

4.1.4.6 推动多式联运市场化运作

（1）实施差别化定价策略

结合运输市场供需形势动态变化，充分利用价格杠杆的调节作用，针对不同地区、不同季节、不同速度等级、不同运量、不同距离、重空流向、双向往返等实行灵活的差异化、精细化定价策略，不断优化运价方案，积极吸引企业开展多式联运。

（2）构建多式联运产品价格联动机制

在中短途特别是铁路运输企业管内多式联运中，铁路运费的占比并不高，其价格调整的影响也不显著。要促进铁路多式联运发展，需要加强铁路企业、港航企业、货物代理企业等沟通协商，降低各环节收费标准，需要相关市场主体间达成共识，推出价格同步下浮政策，在铁路运费执行管内运价下浮的同时，港口同比例下浮吊装费、短驳费、集港费、场站费等费用，建立多式联运产品价格联动机制，确保多式联运具有较强的市场竞争力。

（3）积极培育多式联运经营人

多式联运经营人是指以承运人身份与托运人签订多式联运合同，通过标准化运载单元，组织两种及以上运输方式提供全程运输服务，并承担全程货物运输责任的经营主体。多式联运经营人是多式联运的重要构成要素，在货源组织方面，能够大幅提高铁路集装箱多式联运集货能力，尤其是回空方向捎货集货能力，实现集装箱班列重去重回；在联运衔接方面，能够实现多式联运无缝衔接，加快集装箱周转，解决单证不统一问题；在客户服务方面，能够使客户拥有统一、连贯的服务接口，大幅提高服务质量；在运输组织方面，能够深度参与各运输阶段的组织工作。因此，铁路集装箱多式联运应推动培育专业的多式联运经营人，提升多式联运运输服务质量。

目前，铁路在培育多式联运经营人方面已有案例，如哈尔滨铁路局、沈阳铁路局参与的辽宁沈哈红运物流公司的合作模式。要加强联运经营人合作模式的研究，推动以资本融合、资源共享、网络共建为纽带，打造利益共同体，实现市场互补、风险共担。一是以资本为纽带组建多式联运的平台公司；二是以信息为纽带的联盟合作模式，不同区域和不同运输方式之间的企业通过信息共享、代码共享等形成协作联盟；三是以产品为纽带分工协作，建立契约条款，共同打造通道上的多式联运服务产品。

4.1.4.7 建立多式联运发展保障机制

（1）强化多式联运协调推进机制

集装箱多式联运是一项跨行业、跨区域甚至跨国界的系统工程，涉及经济整体布局和相关利益格局调整，需强化国家层面的联动协调机制，及时协调解决集装箱多式联运发展规划、总体布局、相关政策和技术标准等重点问题。

（2）加强多式联运政策扶持

一是研究制定行业准入标准，核发资质证书及专用运单，给予专项补贴和运输政策；二是提倡对多式联运实施精细化补贴，特别是对承担主体运输任务的铁路运输企业给予资助和扶持；三是针对到发位置集中且运量较大、港城关系受集卡影响较严重的港口城市、环保要求高的区域等，地方政府应加强政策引导，缓解港城矛盾，形成多赢局面；四是推动立法或出台公路治超、限制公路长距离运输等政策支持多式联运发展，促进各种运输方式的合理分工，营造公平有序的市场环境。

（3）建立合作共赢的市场机制

一是遵循"合作共赢"原则，努力与公路、水运以及大客户、货物代理、物流企业建立起合作共赢的伙伴关系，实现优势互补。主动与公路、水运等运输方式有效对接，发挥铁路集装箱运输在多式联运中的骨干作用，形成促进集装箱多式联运大发展的生态圈。二是广泛利用和整合社会集装箱拖车资源，搞好铁路接取送达，有效解决前后"一公里"问题。三是充分利用大客户、物流和货物代理企业，揽取和掌握铁路集装箱货源，建立互利共赢的揽货平台。物流和货物代理企业往往掌握着大量货源，应通过完善铁路客户代理制度，充分发挥物流和货物代理企业为铁路揽货的积极性。

(4)建立市场化经营管理考核机制

从服务国家战略和市场化运作层面,统筹建立适应多式联运发展的铁路企业内部统计考核指标,完善营销、价格以及清算机制,充分调动铁路内部各主体的积极性。

4.1.5 促进轨道交通"四网融合"

从我国都市圈的发展情况看,目前已形成干线铁路、城际铁路、市域(郊)铁路和城市轨道交通四张轨道交通网。从功能层次看,干线铁路服务全国各大城市群的快速联系,兼顾部分重点城镇联系,主要有高速铁路和普速铁路;城际铁路服务城市群内部各城市、重点城镇间的快速联系,兼顾部分外围组团联系;市域(郊)铁路服务大都市圈(区)外围到中心城内通勤交通;城市轨道交通服务主城区、中心城区内部通勤、通学、日常生活出行,主要有地铁、轻轨、有轨电车等。"四网"的技术特征如表4.2所示。

表4.2 都市圈轨道交通"四网"技术特性

轨道交通分类		功能	主要客流	技术标准(千米/时)	平均站间距(千米)	公交化水平
干线铁路	高速铁路	大都市圈对外联系、过境交通	商务、旅游、探亲	250~350	30~60	低
	普速铁路		务工、探亲、回程	≤160	10~40	低
城际铁路		城市群城际交流	商务、旅游、探亲	160~250	5~20	较高(大站直达和站站停)
市域(郊)铁路		都市圈通勤交通	都市圈通勤、休闲	100~160	3~7	
城市轨道交通		市内通勤、通学等	通勤、通学、日常生活出行	80~100	0.5~1	高

资料来源:根据有关项目资料整理。

轨道交通"四网融合"是指通过推动上述"四网"的有机融合,打造轨道上的城市群都市圈。"十四五"时期,我国将新增城际铁路和市域(郊)铁路运营里程3000千米,基本建成京津冀、长三角、粤港澳大湾区轨道交通网,新增城市轨道交通运营里程3000千米,提高轨道交通的连接性、贯通性。实行轨道交通"四网融合",有利于构建全链条低碳出行模式,使铁路旅客运输的两端接驳运输也实现低碳化。

实行轨道交通"四网融合",主要聚焦于以下三个方面。

(1)设施融合,建立更加便捷顺畅的基础网络

四类轨道交通的功能定位、服务对象、系统标准、建设主体等不尽相同,四

类轨道交通间主要采用换乘的方式衔接，少数具备条件的也可以开行跨线列车。枢纽作为不同方式间换乘的关键节点，是实现"四网"设施融合的重要部分。因此，"四网"的设施融合重点关注枢纽规划建设，以提供一体化的轨道交通出行服务为目标，优化换乘通道和换乘流线，构建具有同台换乘、立体换乘、自动化换乘等方式的一体化枢纽换乘体系，实现"四网"基础设施的互联互通，为便捷高效的换乘打下坚实基础。

（2）管理融合，实现运输方式间无缝衔接

在采用换乘衔接的模式下，首先做好不同线路之间列车运营、停站时间的协同优化工作，保证"四网"的运输服务能够有效衔接，并压缩旅客的换乘等待时间。例如，巴黎各类轨道交通运营时间相互兼容，负责城市交通服务的地铁、市郊铁路运营时间长于高铁。伦敦各类轨道交通运营时间相互兼容，地铁运营时间长于高铁，可以满足长途旅客的城市交通需求。东京除运营时间兼容外，更做到了地铁与市郊铁路协商灵活组织运营，实现共赢，部分线路具备直连互通能力，根据实际客流需求灵活安排编组。另外，应完善换车站换乘管理，包括客流组织、安检互认等。在京津冀地区，目前北京南、北京西、北京、清河、天津、天津西、石家庄等火车站实现了与地铁安检互信，提高了通行效率和服务水平，在提升铁路与地铁换乘便捷度方面起到了积极作用。对于开行跨线列车的情况，则需做好线路间调度指挥的协调工作，确保跨线运输组织顺畅，保证列车正点运行。

（3）信息融合，提供方便优质的信息服务

推动多层次轨道交通之间信息服务数据共享、联动协作，促进不同轨道交通之间的信息互通，构建"互联网+"的服务网络，提供全方式、全环节、全覆盖的交通接驳信息推送和查询系统等，全面提升服务品质。在信息技术的支撑下，大力推广电子客票，为不同轨道交通方式之间售检票的便捷化提供基础，并做好票务系统融合升级。对于不同轨道交通方式，打通票务系统之间的信息壁垒，在检票设备上同时集成相关轨道交通方式的票制识别功能。此外，建立收入清分一体化机制，实现各种轨道交通方式清分中心互联互通。按照"统一标准、接口"的原则构建综合平台，完善各清算中心之间的联机接口以及车站现场设备之间的联机接口。

4.2 运输装备低碳化技术

4.2.1 新型节能运输装备

4.2.1.1 新能源动力机车

不同于电力机车和内燃机车，新能源动力机车是指采用太阳能、氢能等新能源等作为牵引动力的新型机车。新型动力机车牵引动力更加清洁和低碳，机车运行基本上不排放有害物质，在有效节约传统能源的同时还有效降低了对环境的污染，实现了真正的低碳、绿色、环保、无污染。

面对日渐严峻的环境问题，世界上多个国家都在新能源动力机车方面开展了大量研究和应用工作。英国、意大利、德国、比利时、荷兰、法国、俄罗斯、日本等国家在新能源动力机车研发应用方面走在世界前列，相继研发出太阳能、氢燃料、天然气为动力的新型机车，推进了机车牵引低碳化进程。

我国在新能源动力机车研究方面起步较晚。在以太阳能、电池为动力的新能源机车研究方面与日本、德国、法国等发达国家存在一定的差距。未来，我国铁路应在新能源列车领域加快研究步伐，加大新能源发电技术在铁路牵引中的应用，将更多的新能源应用到列车牵引领域当中，让铁路牵引能源更加清洁环保，打造真正的低碳绿色运输工具，构建铁路清洁低碳的能源消费体系。氢燃料机车凭借燃烧性能好、发热值高、低噪声、零排放、零污染等优势，近年来逐渐成为多个发达国家争相研究和推广的铁路新型机车。法国阿尔斯通已于2016年研制出世界首列氢燃料电池驱动列车。2018年9月17日，全球首列氢能源列车在德国投入使用。我国也在氢燃料机车领域开展了相关研究。2022年12月，中车长客股份公司联合成都轨道集团共同研制的具有自主知识产权的氢能源市域列车在成都下线，如图4.5所示。

图4.5 中车长客股份公司联合成都轨道集团共同研制的氢能源市域列车

（图片来源：https://www.thepaper.cn/newsDetail_forward_21348136）

专栏 4.3：氢能源市域列车

2022 年 12 月 28 日，中车长客股份公司联合成都轨道集团共同研制的具有自主知识产权的氢能源市域列车在成都下线。氢能源市域列车四辆编组，最高时速 160 千米/时，内置"氢能动力"系统，可实现 600 千米续航。

氢能源市域列车采用氢燃料电池和超级电容相结合的能源供应方式，替代原有接触网供电方案，能量由氢气和氧气在氢燃料电池中进行电化学反应产生，反应产物仅为水，无任何氮硫副产物，并且反应过程平稳，噪声小，因而具备环保、零碳的特征。由于摆脱了接触网运行条件的束缚，车辆可以广泛应用于现存的非电气化线路区段，大幅提升市域车辆的应用范围，同时避免了进行电气化改造带来的庞大基建投入和维护成本。

车辆的混合动力系统采用多储能、多氢能系统分布式供能方案，可以实现能量供应的高可用，提高供能的灵活性和可靠性。同时采用了我国自主开发的"氢电混动能量管理策略和控制系统"，实现了与整车控制的深度集成，从而提高整车的能量利用效率。

氢电混合动力系统由氢燃料电池系统、储氢系统、散热系统、储能系统及其他附件组成。结合整车需求功率及储能系统实时状态等，控制燃料电池混合动力系统供电模式及燃料电池系统输出功率，实现燃料电池混合动力系统能量管理。氢电混合动力系统如图 4.6 所示。

车辆设计过程中克服了车顶布置空间和车辆轴重限制等不利因素，在满足车辆原有限界、轴重和美观度要求的基础上，通过电气和机械结构协调优化实现了氢电混动的高效集成。

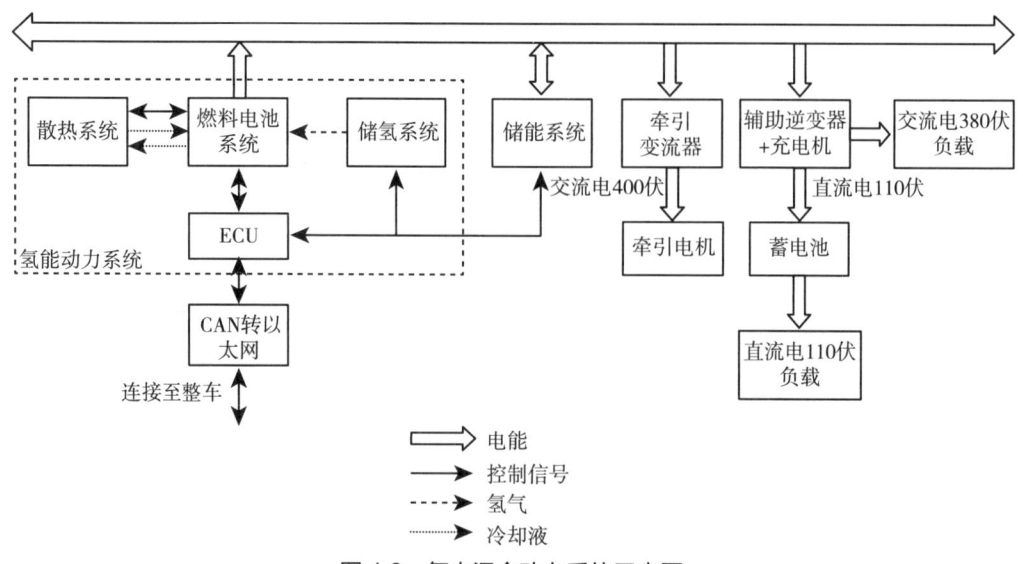

图 4.6 氢电混合动力系统示意图

（图片来源：https://www.thepaper.cn/newsDetail_forward_21348136）

4.2.1.2 磁浮列车

磁浮列车消除了车轮和导轨之间的摩擦，从而实现更高的速度，通过减少运动部件和滚动摩擦降低了运营成本。目前，高速磁浮列车部署了如图 4.7 所示的两个关键技术类型：①电磁悬架系统，它利用列车上的导向磁铁和悬浮磁铁以及导轨上的磁铁之间的吸引力；②电磁悬挂系统，其中磁铁通常放置在列车的起落架中，将列车从导轨排斥，从而允许更高的悬浮。

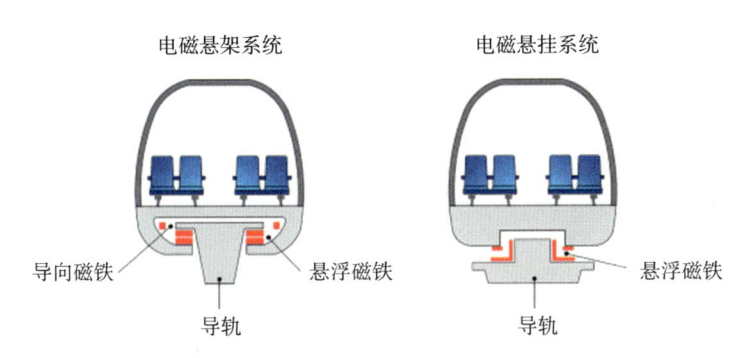

图 4.7 磁浮技术类型的布局

磁浮系统与传统的高铁系统相比，由于其非接触式特性，维护成本比较低。此外，磁浮列车允许建造更宽的列车，增加了便利性，由于可以选择更大坡度运行（坡度高达 10%），减少了对土木工程项目的需求。根据日本和德国的研究试验表明，在时速 300 千米时，每座位千米能耗比同样时速的高速轮轨列车降低 33%；在时速 500 千米时，每座位千米能耗仅为飞机的三分之一。我国和德国、日本等国都在积极开展磁浮技术列车方面的研究。

专栏 4.4：上海磁浮列车示范运营线

（1）基本情况

上海磁浮列车（图 4.8）示范运营线是世界上第一条商业化运营的磁浮列车示范线，于 2002 年 12 月 31 日开通试运行。上海磁浮列车示范运营线西起磁浮龙阳路站，沿迎宾大道向东延伸至磁浮浦东国际机场站，途径罗山路、外环线、华东路、上川路、浦东运河、川南奉公路及远东大道，大致呈东西走向。上海磁浮列车示范运营线全长约 30 千米，全线采用高架敷设方式，双线上下行折返循环运行，设有 2 个车站（其中磁浮龙阳路站为高架站，磁浮浦东国际机场站为地面站）、2 个牵引变电站、1 个运行控制中心和 1 个维修基地，设计最高运行时速 430 千米，单向运行时间约 8 分钟，最小发车间隔 10 分钟。

图 4.8 上海磁浮列车

（图片来源：https://baike.so.com/doc/5429483-5667728.html）

（2）车辆概况

目前，上海磁浮公司配属车辆 4 列，其中进口 3 列、国产 1 列；进口车辆为建设初期向德国引进的列车；国产车辆为"十一五"期间新增的列车，车体由中车长春轨道客车股份有限公司和航空工业成都飞机工业（集团）有限责任公司制造，控制部件（悬浮导向系统）由德国蒂森克虏伯公司配置。

上海磁浮列车端车和中车的定员不同，端车 E1（VIP）定员 56 个座位，端车 E2 定员 78 个座位，中车定员 110 个座位。如表 4.3 所示。

表 4.3 上海磁浮车辆基本参数

类型	车辆定员		车辆长度（米）	车辆宽度（米）	车辆高度（米）	车辆重量（吨）
	E1（VIP）	E2				
端车	56	78	27.21	3.7	4.2	52.9
中车	110		24.77			50.3

（3）运营情况

2007 年 10 月 1 日，上海磁浮列车示范运营线单日客流量首次突破 2 万。截至 2021 年 7 月 31 日，上海磁浮列车示范运营线总计运输乘客 6303 万人次、安全运行 2152 万千米。

专栏 4.5：长沙磁浮快线

（1）基本情况

长沙磁浮快线（图 4.9）是服务于湖南省长沙市的一条城市轨道交通线路，是我国首条拥有完全自主知识产权的中低速磁浮铁路，于 2016 年 5 月 6 日开通运营。线路连接长沙南站和长沙黄花国际机场，起于磁浮高铁站，止于磁浮机场站，途经长沙市雨花区和长沙县，大致呈东西走向，全长 18.55 千米。长沙磁浮快线全程为高架敷设；设车站 3 座，另预留车站 2 座；设车辆综合基地 1 处，位于劳动路和曲塘路之间；设 10 千伏牵引降压变电所 7 座；设控制中心 1 座，位于车辆综合基地内。列车采用 3 节编组，设计速度为每小时 140 千米。

图 4.9　长沙磁浮快线

（图片来源：http://finance.sina.com.cn/china/2020-08-10/doc-iivhvpwy0248761.shtml?cre=tianyi&mod=pcpager_china&loc=13&r=9&rfunc=100&tj=none&tr=9）

（2）车辆概况

长沙磁浮快线使用中车株洲电力机车有限公司自主研发生产的中低速磁浮列车。每列车长约 48 米、宽 2.8 米、高 3.7 米，由 3 节编组而成（含半节车厢预留给值机行李托运），座位包括横排设置和竖排设置两种形式，共设置座椅 86 个，每列车最大载客量为 363 人。列车采用常导电磁铁悬浮、直线感应电机牵引，每节车底部安装 20 组电磁铁、20 个悬浮稳定器，以电磁力支撑列车并推动前行。磁浮列车在各种环境条件下的电磁辐射均低于国际标准规定的安全限制。

2018 年 6 月 6 日，长沙磁浮快线列车自动驾驶系统上线，首列自动驾驶的列车从磁浮高铁站驶出。列车自动驾驶系统在列车自动防护系统的防护下工作，能够实现列车自动行驶、精确停站、站台自动化作业等功能。往来于磁浮高铁站和磁浮机场站间的自动驾驶列车,已实现单程运行时间较原来缩短约 2 分钟。

(3)运营情况

自 2016 年 5 月 6 日启动试运营至 2021 年 5 月 5 日,长沙磁浮快线开通载客已有 5 周年,累计安全运营 1826 天,开行列车 262615 列次,客流总量 1625.76 万人次,单日客流峰值达到 18012 人次。通过 5 次运行图调整,长沙磁浮快线的行车间隔已缩短至 11 分钟左右,如遇特殊节假日,可临时调整高峰期行车间隔至 9 分 20 秒。随着磁浮城市航站楼系统投入使用,扫码购票系统开通,过闸功能实现,以及与长沙机场、长沙高铁南站联合打造"空-铁-地联运"旅游产品,乘坐长沙磁浮快线出行更加便捷。

4.2.1.3 混合动力机车

混合动力机车是采用氢燃料电池、锂电池、蓄电池及新能源驱动与传统燃油动力或电力驱动相结合的混合动力机车。相比传统内燃机车,混合动力机车可在功率需求不大时采用电池驱动列车运行,节能环保效果更加明显。同时,蓄电池的存在又可用于机车再生制动能量的回收,能源利用效率大大提高。

按照动力的不同来源进行组合,目前的混合动力机车可包括以下几种形式:内燃机和接触网、内燃机和蓄电池、接触网和蓄电池、内燃机和燃料电池、燃料电池和蓄电池。

(1)内燃机和接触网混合动力机车

在原有柴油发电机组基础上,增加接触网受电的电力牵引装置。在便于从接触网受电时,采用接触网的电力作为牵引动力;在接触网无法供电或进入非电气化铁道时,则采用内燃牵引,如图 4.10 所示。

(2)内燃机和蓄电池混合动力机车

在柴油发电机组基础上,增加蓄电池作为辅助动力。依据功率需求,可以将其中一类作为主牵引动力,另一类作为辅助动力,蓄电池也可以用作回收再生制动功率。2021 年 10 月,由中车大同公司和国家电投集团联合研制的国产氢燃料电池混合动力调车机车在内蒙古锦白铁路上线试运行,如图 4.11 所示。据测算,相较内燃机车,该机车每万吨千米可减少碳排放约 80 千克。

(3)接触网和蓄电池混合动力机车

在常规电力牵引的基础上,增加一定容量的蓄电池作为储能单元。通常采用接触网电力作为牵引动力;当接触网无法供电或进入非电气化铁道时,则采用蓄电池的电力进行牵引。蓄电池同样可以回收再生制动功率。

图 4.10 "复兴号"CR200JS-G 高原内电双源动车组

（图片来源：http://finance.sina.com.cn/tech/2021-07-26/doc-ikqciyzk7732696.shtml）

图 4.11 中车大同公司和国家电投联合研制的氢燃料电池混合动力调车机车

（图片来源：https：//www.cgmia.org.cn/Web/News/Detail/13200）

（4）内燃机和燃料电池混合动力机车

在柴油发电机组基础上，增加燃料电池作为辅助动力。依据功率需求，可以将其中一类作为主牵引动力，另一类作为辅助动力。

（5）燃料电池和蓄电池混合动力机车

在燃料电池基础上，增加蓄电池作为辅助动力。蓄电池可回收再生制动功率，被认为是具有广阔前景的一类新能源机车，燃料电池和蓄电池混合动力机车的结构原理如图4.12所示。

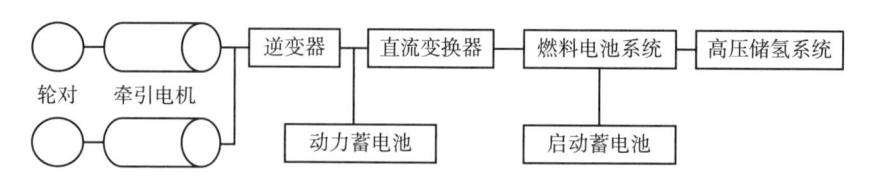

图 4.12　燃料电池和蓄电池混合动力机车的结构原理图

混合动力机车由混合动力传动装置提供牵引动力。混合动力传动装置从两个独立的车载能源获取牵引力。其中一个能源装置是传统的燃油箱，另一个装置根据不同的限制条件（功率、可靠性、寿命期成本等）选取。在装有监测、控制、冷却装置等必要外围设备的机车上，混合动力装置至少可以用作附加能源。采用这种方案通常需要降低柴油机功率并相应地缩小柴油机尺寸，因为无法通过其他方式获得额外的安装空间，而且不能超出机车的允许重量。

混合动力机车一般启动时由蓄电池带动，正常行驶时主要由内燃机发电提供电力，上坡等情况下蓄电池提供电力协助加速，下坡、减速等情况下电力可回馈给蓄电池。没有受电弓，一般也无须充电，该种类型机车可节约燃料（在起步、加速和爬坡时）和提高输出功率。

混合动力机车当前的一项关键技术是混合动力的能量管理及分配。在满足车辆动力需求的前提下，获得最高的总体效率，降低燃料的消耗。其核心在于发电机以及辅助能源的功率分配，确保车辆动力性的同时优化各单元的性能。与氢燃料电池机车相似，混合动力机车也具有降低基建成本、运行可靠性高、节能减排等优势。

2010年11月，原南车资阳机车有限公司牵头研制的国内首台CKD6E5000型混合动力内燃调车机车成功下线。2022年，资阳机车公司又成功研发出2000～2500千瓦功率等级的大功率混合动力交流传动调车机车HXN6，是目前世界上功率最大、牵引动力最强的油电混合动力内燃机车。在同等作业条件下，HXN6型机车对比机车HXN5型、DF4C型机车节约燃油并降低排放40%以上。同等条件下，调车编组作业期间，比HXN3B型机车节油并降低排放30%左右；推峰作业期间比HXN5B型机车节油并降低排放20%以上。

混合动力牵引系统是一种低排放的替代方案。混合动力机车可以从现有的接触网或从电池中获得动力。使用燃料电池或电池，不仅取决于距离和电气化程度，还取决于投资和维护成本。目前，由电池支持的混合动力机车的续航里程长达 100 千米，因此它们特别适合易于电气化或已经拥有牵引供电网的线路。在没有架空线的长距离线路，以及只有少量架空线的线路上，燃料电池是更好的选择。如果该地区的新能源制氢成本经济性较好，那么燃料电池就尤其适合。未来我国铁路应大力开展氢燃料、蓄电池与油电驱动混合动力牵引技术，同时在太阳能、风能领域深入开展研究，加大新能源发电技术在铁路牵引中的应用，根据每种车型研发特定的混合动力及存储设备解决方案，提高各种机车牵引用能的灵活性，让铁路牵引能源消耗更加清洁环保，打造真正的低碳绿色运输工具，改善列车传统能源消费结构，构建铁路清洁低碳的能源消费体系。

4.2.1.4 场站装卸设备

铁路是我国货物运输的重要运输方式，装卸工作又是铁路货运过程中的重要环节。场站装卸设备水平的高低影响着装卸作业效率，因此，积极推广先进的场站装卸设备和技术，对提高铁路货运的整体运输效率、降低能耗、减少碳排放具有积极的作用。

由于货物种类存在差异，与之相配套的车站装卸设备也不尽相同。装卸笨重货物一般采用门式起重机、桥式起重机、汽车起重机、叉车等，其中对集装箱的装卸大多采用双梁双悬臂门式起重机。对散堆装货物一般采用卸煤机和装沙机，并搭配皮带运输机作业。目前，我国大宗煤炭、矿石等通用散货的连续装车通常采用固定式装车系统和移动式装车系统。

近年来，国外铁路更加注重运输过程中的成本与效率问题，不断探索利用信息技术提高场站装卸作业的智能化水平，减少不必要的能源消耗。德国认为仓库的装卸搬运设备和信息系统是提高仓库作业效率的重要保证。因此，德国铁路物流中心十分关注仓储设施建设和设备配置情况，并为客户量身打造了从商品的采购到末端配送的一整套物流解决方案。美国、日本等国家的铁路企业注重机械化、自动化设备的应用，计算机、条形码、射频识别①（RFID）等信息技术广泛应用，资源配置得到不断优化，场站装卸效率和管理水平不断提高。

我国场站装卸设备存在设备老化严重、资源利用不合理、维修保养困难等问题，影响了铁路货运低碳化发展的进程。为此，国家出台了一系列政策，《国务院关于印发 2030 年前碳达峰行动方案的通知》中提出要推进重点用能设备节能增效。为此，我国应加大科技创新，对现有装卸设备技术水平进行升级改造，加快

---

① 射频识别技术（Radio Frequency Identification，RFID），又称无线射频识别，是自动识别技术的一种，可通过无限电信号识别特定目标并读写相关数据，无须识别系统与特定目标之间建立机械或光学接触。

自动化、信息化、智能化技术在场站装卸、仓储设施设备方面的推广应用,践行绿色低碳的理念,力求从源头降碳。

4.2.2 列车牵引节能技术

4.2.2.1 永磁同步牵引系统

世界轨道交通车辆牵引系统技术经历了直流电机牵引系统、交流异步电机牵引系统、永磁同步电机牵引系统三大阶段。交流异步牵引系统自20世纪80年代开始流行,至今在各类轨道交通机车车辆中广泛应用。与此同时,永磁同步牵引系统是交流传动的另外一条技术路线。永磁同步牵引系统因其高效率、高功率、低噪声、全封闭等显著优势,相比传统的感应电机作为牵引电机的传动系统,永磁同步牵引系统能耗更低。

永磁同步牵引系统由永磁电机、牵引变流器、网络控制器等组成。不同于传统的列车牵引系统,永磁同步牵引系统关键在于永磁电机。永磁电机与传统的交流异步电机的最大区别在于它的励磁磁场是由永磁体产生的。由于异步电机需要从定子侧吸收无功电流来建立磁场,因此用于励磁的无功电流导致损耗增加,降低了电机效率和功率因数。永磁电机则有效降低了该部分的能耗,体积更小、质量更轻,因此更加节能。

2016年,我国长沙地铁1号线的列车首次实现永磁同步牵引系统在整列地铁车辆上的装载运营。运营测试结果显示,相比传统异步牵引系统列车,永磁牵引系统的综合能耗最高可降低约30%,可大幅降低运营成本。目前,永磁同步牵引系统已经在沈阳地铁2号线、长沙地铁1号线、西安地铁2号线等线路上有所应用。

永磁牵引技术在轨道交通领域引发了技术革命,正成为下一代列车牵引系统主流研制方向。随着高速铁路的发展,未来铁路牵引用能需求将持续提高。随着相应技术的不断完善,永磁同步牵引系统未来在铁路机车牵引方面有着十分广阔的应用前景,该项技术一旦在铁路机车牵引系统及相关设备应用,将具备十分可观的节能效果。

4.2.2.2 列车再生制动技术

再生制动是一种用于电动车辆上能量回收的制动技术。制动工况下将电动机切换成发电机运转,利用车的惯性带动电动机转子旋转而产生反转力矩,把车辆的一部分动能或势能转化为电能并加以储存或利用。随着我国电气化铁路朝着高速化、重载化的趋势发展,大量运用以和谐型机车和动车组为代表的交流大功率移动装备,这些移动装备产生的再生制动能量十分可观,如何将其再利用对于降低列车牵引能耗十分重要。

列车再生制动技术是电力机车在制动时控制牵引电机的输出转矩与电机的转速方向相反，从而使牵引电机工作在发电状态，并将此时电机产生的电能返送回接触网或者由其他牵引车辆所吸收。采用该技术，在列车制动时可将原本消耗到车载或地面制动电阻上的列车制动能量回馈到 35 千伏 /33 千伏 /10 千伏等交流公用电网，供给交流公用电网中的其他用电设备使用，实现能量回收再利用。同时，再生能量回馈装置能够在交流电网功率因数较低时作为静态无功补偿（SVG）装置运行，向交流电网补偿无功功率，提高功率因数，减少无功能量损耗，降低系统运营成本。与一般的动力制动相比，再生制动实现了制动能量的循环利用，避免了能量的浪费，该原理见图 4.13。

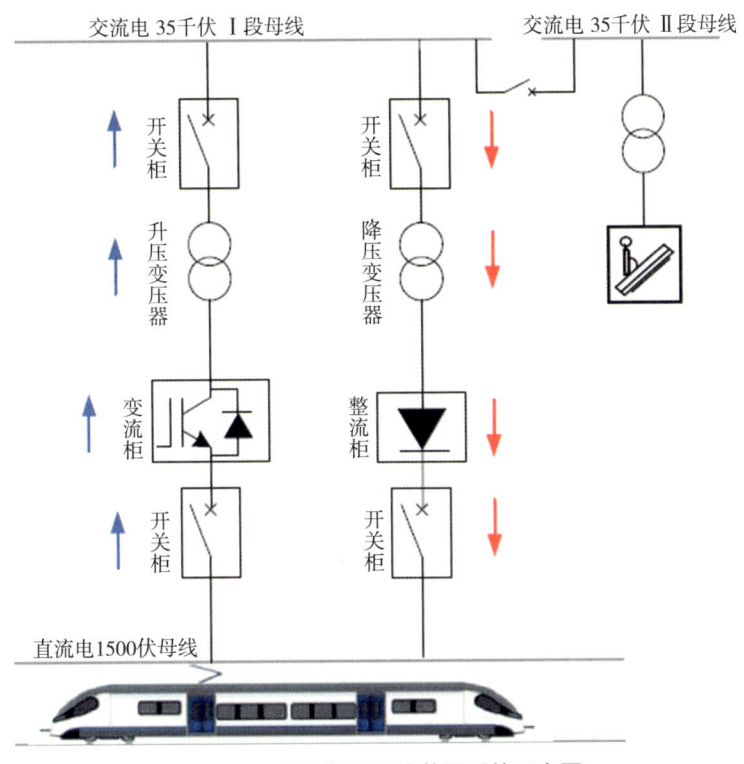

图 4.13 再生能量回馈装置系统示意图

国外对于再生制动技术在铁路牵引系统中的应用研究较早。1960 年前后，日本在到站停车时应用了励磁变流控制系统，具有再生制动功能。在长下坡道、减速运行以及靠站停车时，列车比较适合采用再生制动技术，这样能够发挥再生制动可以减少能量消耗的优势。近年来，随着电力电子器件的迅速发展，4500 伏门极可关断晶闸管（GTO）的成功研制极大地促进了再生制动技术的发展应用。我国的 CRH 系列、德国的 ICE 系列以及法国的 TGV 系列等多种高速列车均采用了再生制动方式。

再生制动技术的采用，使得列车产生的再生制动能量可以被利用，有节能的效果，符合国家节能减排的要求。随着我国"复兴号"列车的广泛运用和交流牵引传动技术的进步，采用再生制动技术的高速列车在我国应用更加广泛。此外，在重载铁路的典型的长大坡道区段中，如朔黄铁路、大秦铁路，电力机车应用再生制动后会产生大量再生能量，具有十分显著的节能效益。

4.2.2.3 车体轻量化技术

车体轻量化技术是在保证列车整体品质、安全性能和成本造价满足要求的前提下，利用新材料、新技术等手段对车体整体的重量进行减重的一种新技术。由于车体重量与运行过程中所克服的阻力成线性相关，降低车身自重可以显著提高列车运行速度并减少能耗和碳排放。因此，车体轻量化技术已经成为高速列车低碳发展的关键技术之一。

作为世界上最先开通高速铁路的国家，日本对车体轻量化技术的研究起步较早。在20世纪50年代，日本国铁就提出将轻量化和高性能电动车组纳入新干线基础列车，目前已形成较为系统的车体轻量化技术体系。与日本不同，法国重点关注转向架的轻量化处理，其中比较典型的是Y230动力型转向架技术。2012年，我国开始车体轻量化技术研究，并取得快速发展。

新材料的应用是轻量化技术的关键手段之一，也是世界各国研究关注的热点。车体轻量化技术不仅要求材料要轻，还要满足强度、韧性、耐疲劳等一系列特殊要求。目前，比较典型的车体轻量化材料有金属合金材料、高分子材料、复合材料等。我国从新材料的应用研发入手，采用高性能材料，不断优化车身结构，改进制造工艺，持续提升我国的车体轻量化技术水平。

专栏 4.6：CR400 系列动车组的节能技术

2017年，"复兴号"动车组在京沪高铁上首发运行，这标志着高铁发展进入"中国标准动车组"时代，成为继"和谐号"之后我国高铁发展史上的又一里程碑。具有完全自主知识产权、时速350千米的"复兴号"中国标准动车组，在提高牵引效率、降低列车重量、减小运行阻力等节能环保方面做了大量的努力。

牵引系统方面，"复兴号"动车组的牵引系统采取了多种制动结合方式。常规制动情况下，以电制动为优先，能够有效降低闸片与制动盘之间的磨损，提升制动系统的节能环保水平；紧急制动状态下，系统实行空-电联合紧急制动，充分保障旅客的运行安全。此外，"复兴号"动车组应用再生制动技术，能够实现电能的循环利用，在一定程度上起到节约能源的效益。

车头设计方面,"复兴号"动车组充分利用流固耦合技术以及阻力、升力、运行安全性与稳定性、气动噪声等多个性能指标的耦合关系分析技术,设计采用全新阻力流线型头型,通过增加长细比例等措施,有效改善综合气动性能。

车体平顺化方面,一是降低空调安装高度,使空调上端与车顶保持水平;二是将车顶分散安装的高压零部件进行整合,集成在高压设备箱内,并采用嵌入式安装方式,保持车体顶部的平顺性;三是采用浴盆式方式安装受电弓,降低受电弓落弓高度;四是动车组车门、车窗与车体保持平顺。

轻量化设计方面,一是优化了车体结构和材料,采用整体承载式结构,相对于侧墙和底架,承载式结构更能充分发挥所有材料的承载力,降低了车体整体重量;二是采用型材一体化,将所需型材一次性挤压成型,省略了小型材料焊接成型的工艺,降低了重量;三是采取了大型中空超薄铝材、镁合金型材以及模块化骨架设计,减少了车体重量。

减振降噪方面,"复兴号"动车组设计应用多层复合隔声、吸声结构阻断噪声传播路径,在京沪高铁以时速350千米运行时,司机室内和客室内噪声分别降低1~3分贝,受电弓客室端部噪声降低6~7分贝,明显优于"和谐号"动车组。

通过以上措施的实施,"复兴号"动车组运行阻力比既有动车组降低7.5%~12.3%,若以时速350千米运行时,人均百千米能耗降低约17%,取得了显著的节能减排效益。

4.2.3 智能驾驶技术

列车的安全、正点、节能、环保和低碳是铁路的重要指标。由于铁路列车运行的特殊性,影响列车节能的因素众多,但当列车的运行交路、列车编组、运行图、限速、列车基本参数等因素确定之后,优化列车的操纵方式就是列车降低能耗的最有效方式。司机是列车的直接操纵者,司机的驾驶水平直接影响着列车能耗的大小,在同一条线路同样列车参数情况下,不同司机驾驶的能耗差别很大。结合优秀司机的驾驶经验,基于主动节能的列车控制优化系统,指导甚至替代司机操作,可以提高驾驶水平、节约能耗。同时,列车节能优化驾驶对解放人力、提高列车准点率和安全性等方面有重要作用。

列车的节能优化驾驶问题往往具有高维度、非线性、求解组合复杂多变的特点,同时在列车运行过程中,也会有诸多因素影响列车的能耗。其中运行线路、列车属性、列车状态、列车编组是可确定因素,而人为因素和附加因素一般是不可控的。列车节能优化驾驶的目标就是在上述因素的约束下计算出最节能的列车驾驶方式。

列车的节能驾驶技术研究就是掌握列车各种运行条件下运行驾驶轨迹和列车能耗之间的关系，通过科学的算法和模型研究最优的驾驶控制策略并开发相应的节能驾驶控制系统，降低列车驾驶能耗。综合列车能耗影响因素，列车节能优化驾驶问题是一个多目标优化问题，需要考虑众多复杂的约束条件，而且数据常常是高度非线性的，操纵档位在任意时刻的组合变化情况多，是一个非线性有复杂约束的动态最优化问题。线路数据和列车数据是高维度的自然数据，这也意味着整个优化的搜索空间巨大，并且有必要对特征进行降维处理。另外，操纵序列节点间的关联性比较大，计算当前操纵档位需要全面考虑前后操纵档位，因此列车节能优化驾驶问题需要在规定的较短时间内求得优化档位序列的最优解，获得列车最优的驾驶策略。结合节能策略生成列车运行速度优化控制曲线，指导机车乘务员控车，能实现列车安全准点运行，降低列车运营能耗，提高经济效益。

目前，法国、德国、美国等国家在节能驾驶方面已经开发出相应的列车驾驶控制系统并应用，包括列车节能驾驶监测控制系统和列车无人驾驶系统。德国和法国铁路公司相继宣布在2023年之前开通自动驾驶的高速铁路及干线铁路列车。美国的机车运行优化系统和机车能源管理系统也取得了良好的节能效果，并在利用先进的计算机技术降低列车的驾驶能耗方面处于领先地位。

我国对列车节能驾驶技术研究十分重视，近年来，相关研究人员进行了一系列列车节能驾驶技术的理论模型研究，包括粒子群算法、深度学习、强化学习、神经网络等在内的智能算法对节能驾驶模型不断优化，将人工智能技术应用于列车自动驾驶技术领域，提出了安全、节能、舒适、智能的列车驾驶控制方法，能够适应复杂多样的列车运行环境和线路条件，结合优秀丰富的驾驶经验，有效减少列车牵引能耗。在列车自动驾驶技术应用方面，我国2019年年底开通的京张高速铁路正式实现了高速铁路的自动驾驶，成为智慧京张的重要标志之一。随着大数据、人工智能、机器学习等智能化技术的发展，智能算法对于提升我国列车自动驾驶技术水平十分重要，是未来我国列车节能驾驶技术研究的重要方向。另外，在复杂环境线路的节能驾驶智能控制算法转化为实际列车驾驶系统应用方面加快步伐，争取早日实现适应能力更强、智能化水平更高的列车节能驾驶系统。

未来，应加快智能算法和模型研究的产品转化速度，同时综合我国复杂的地质条件和线路环境，对高原隧道、长大坡道、进出站等重点场所开展节能驾驶控制策略研究，加快开发出适用于我国不同速度等级、不同牵引类型的铁路列车节能驾驶控制系统，提供最节能的档位操纵方法。同时，充分考虑列车启停特性，结合再生制动回收利用技术，提高列车牵引能量利用效率。加快相应控制设备和控制系统的研发力度，结合列车自动驾驶系统，提高我国列车节能驾驶水平，降低我国列车牵引能耗。

专栏 4.7：京张高铁

2019年12月31日，京张高铁开通运营。京张高铁是我国第一条智能高速铁路，采用了云计算、物联网、大数据、北斗定位、下一代移动通信、人工智能等现代技术综合高效利用资源，实现高铁基础设施、运载装备、运输组织、调度指挥等系统以及内外部环境间信息的全面感知、泛在互联、融合处理、安全可靠和科学决策，使高速铁路的车路协同，节能驾驶水平大幅提高，有效降低了高速铁路的运营能耗。图4.14是京张高铁智能型动车组。

图 4.14　京张高铁智能型动车组

（图片来源：https://news.fznews.com.cn/dsxw/20220106/61d6ef6eec91d.shtml）

4.3　基础设施低碳化技术

4.3.1　铁路规划低碳技术

相对公路，铁路具有显著的节能降碳效果。因此，规划中应坚持绿色发展理念，统筹规划，合理选线，提高城市和物流点的铁路覆盖水平，畅通"前后一公里"，促进运输结构调整，提高铁路客货承运比重，努力构建集约高效的客运系统和绿色低碳的货运服务体系。

4.3.1.1 构建集约高效的客运系统

规划中应秉承绿色发展理念,提高城市覆盖水平,优化节点换乘,方便乘客出行,构建集约高效的客运系统,巩固提升中长途客运市场份额,提升长途客运承运比例,扩大中短途客运市场规模。

4.3.1.2 构建绿色低碳的货运服务体系

巩固运距500千米以上大宗货物运输骨干作用,提升"公转铁"承接能力,推进重点干线铁路规划建设,推动铁路能力紧张路段扩能改造,提升主要货运通道铁路运输能力。合理规划,精准补齐集疏体系短板,加快大型工矿企业和物流园铁路专用线建设,逐步实现大宗货物年运量150万吨以上的大型工矿企业、新建物流园区基本连通铁路专用线,进而推动中长距离公路货运向铁路运输转移,确保煤炭等大宗物资更多地转向铁路运输。

4.3.2 铁路勘察设计低碳技术

4.3.2.1 绿色低碳勘察关键技术

绿色低碳勘察重点朝智能勘察、研发低碳绿色钻探设备等方向发展,主要关键技术有以下几种。

(1)基于北斗星地一体化增强的多传感器融合精密定位技术

研究北斗星地一体化增强定位技术,实现铁路勘察设计的广域、无缝、实时高精度定位。研究北斗、惯导、相机等多传感器融合的精密定位技术,为空天地协同数据获取提供精准、连续的实时定位服务。

(2)空天地平台多源地理信息数据协同获取机制

研究国产卫星组网、航空摄影、无人机集群、地面综合测量系统协同互补的数据快速获取与更新技术,研究空天地传感器网络的带状区域观测过程优化策略,实现地理信息数据"主动按需"的协同快速获取。

(3)空天地一体化智能勘测云平台

针对铁路勘测地理信息数据种类多、信息提取依赖有限专家经验的问题,研究基于深度神经网络及因果推理模型的目标要素快速提取方法,设计和研发集数据采集、处理、分析、服务分发及管理的新一代智能化空天地一体化智能勘测云平台,实现设计数据与地理数据的一体化空间分析及数据服务在设计各阶段中的共享调用。

(4)智能遥感技术

研究跨域联合深度学习驱动的地质灾害隐患分析方法,建立多源多模态地质灾害监测数据与数据之间、数据与地质灾害形变位移演化机制之间的跨域联合。

具体技术包括基于时序 PS/DS InSAR 技术、山区地形图雷达干涉三维重建技术和 SAR 最新模式影像处理方法进行边坡位移变形适时监测的 InSAR 形变监测技术，卫星热红外遥感隧道地热异常识别技术，通过光谱分析识别岩性的多光谱、高光谱隧道地层岩性识别技术等。

（5）绿色钻探技术

勘探方面，重点研发轻便型动力头式全液压钻探技术，达到具有"轻、快、安全"及勘探质量高的目标。对于深大钻孔场地，需研究绿色环保钻探施工方案，复杂山区需进一步研究索道等绿色运输工艺。

4.3.2.2 绿色低碳综合选线关键技术

在严格落实生态文明思想和"双碳"背景下研究不同区域的工程、地质、施工、绿色、低碳等多因素影响的综合选线选址技术，针对不同区域、不同铁路等级的选线选址提出重点考虑的因素、适宜权重大小及线路方案比选方法，选线注重项目功能性、安全性的同时，注重方案的绿色生态性和节能性，注重工程结构的节材性能和碳排放效应。

铁路选线中加强生态环保方面的人才和技术投入，将"保护优先""生态优先"作为选线的重要原则，将占地、土石方、土地生态功能、生态影响等作为重要选线指标，积极研究总结环保选线技术和方法。

开展线路平面、纵面节能选线设计技术研究，在平面设计中，线路尽量顺直，尽量减少曲线数目，选用较大的曲线半径，以降低列车运行阻力。在纵断面设计中，尽量采用较长的坡段，减少使用反坡。

4.3.2.3 绿色低碳节材节地设计关键技术

勘察设计阶段，绿色低碳节材节地的关键技术主要包括以下几方面。

（1）铁路土建结构轻型化设计

通过结构优化、精细化设计，降低建筑材料使用体量。对高速铁路标准简支梁实测数据进行分析，现行标准简支梁存在一定的优化空间，包括梁高、截面形式、预应力布置形式等。通过初步分析，既有梁型在重量、材料用量等方面的优化空间超过 5%。轻型化简支梁已在盐通高铁开展应用，全线共 156.7 千米，桥梁占比 94.7%，其中标准简支梁的占比为 84.6%，共 4000 余孔，绿色低碳节材效应十分明显。目前，结构轻型化、精细化研究可在简支梁成功经验的基础上，开展对桥墩等其他结构类型的研究，加强对研究成果的推广应用。

研究采用超高性能混凝土（UHPC），适当配筋的超高性能混凝土力学性能接近钢结构，同时，超高性能混凝土具有优良的耐磨、抗爆性能。因此，超高性能混凝土特别适用于大跨径桥梁、抗爆结构（军事工程、银行金库等）和薄壁结构，以及用在高磨蚀、高腐蚀环境。目前，超高性能混凝土已经在一些实际工程中应用，如大跨径人行天桥、公路铁路桥梁、薄壁筒仓、核废料罐、钢索锚固加强板、ATM机保护壳等。在满足结构同等强度的条件下，与普通混凝土相比可以节省大量建筑材料。钢结构设计中，采用高强度钢材也可以起到同样的绿色节材效果。

（2）利用仿真计算和大比例模型试验开展标准化设计

在保障安全质量、经济合理的情况下完成结构优化设计，对原有安全系数较大、冗余较多的结构进行优化调整，减少工程材料投入，进行标准化设计；矿山法、机械法、明挖法、沉管法隧道设计采用分块结构的装配式结构，易于工厂化、预制化生产，生产过程中多采用清洁能源，通过机械化、自动化、智能化设备机具减少人力投入，主要技术包括装配式结构体系力学分析关键技术、接头型式与连接关键技术、装配式结构防水关键技术、材料强度与耐久性关键技术等。

（3）严控用地规模及土地性质，减少占用高生态功能价值土地资源

线路方案研究过程中深化细化技术经济比选，合理确定路基工程范围，减少高填深挖路基，采用有效的工程措施，减少征地面积和建筑材料用量，例如在深路堑地段，可通过设置桩板墙收坡，减少征地和挖方量；在城镇、邻近既有结构物、邻近道路等地段通过设置悬臂式（扶壁式）挡墙收坡，可有效减少征地和填方规模。加强专业融合和协同设计，提高精细化设计水平，优化接口设计，节约建筑材料，例如特殊区段通过站房雨棚柱、声屏障基础与路基支挡结构的协同设计可有效减少钢筋混凝土用量。

（4）加强永临结合，减少临时用地数量

大型临时工程选址遵循节能环保、节约用地、因地制宜的原则，力求永临结合，并重视生态文明、防灾减灾、文物保护。合理地进行大型临时工程的布局设计，减少制（存）梁场、铺轨基地、轨枕（板）预制场、混凝土拌合站等大型临时工程的处数，采用双层存梁等先进工艺缩减单个梁场等大临的规模，达到大型临时工程不占用基本农田、少占耕地、减少拆迁、可循环使用、提高临时用地利用率的目的。

对采用现浇等传统施工工艺的边坡防护混凝土块、桥面电缆槽、栏杆、隧道内排水沟、线路防护栅栏等小型构件，探索大规模采用装配式施工方案，发挥工厂化、信息化优势，提升工程质量的同时，实现资源集中利用，节省资源，降低投资。

4.3.2.4 牵引供电节能技术

牵引供电系统的节能首先应在供电方案上做好节能最优规划，主要应从合理的牵引供电布局、牵引网供电方式、牵引变电所受电电压、牵引变压器等设备选

型等方面采取措施,以达到节能目的。

(1)合理的牵引供电布局

牵引变电所应尽量设置在负荷中心,使牵引供电系统的电能传输路径最短,减少供电线和牵引网的电能损耗;选择合理的供电范围,并规划好各牵引变电所的后备供电以及相互支援;分区所尽量使牵引变电所左右臂负荷均衡,避免负荷不均衡引起牵引供电系统自身电能损耗不均衡;牵引变电所接入大短路容量的地区电网,降低电网向电气化铁路供电的线路电能损耗。

(2)牵引网供电方式

从节能角度来看,带回流线的直接供电方式和自耦变压器(AT)供电方式可以降低牵引网的阻抗,是比较节能的。带回流线的直接供电方式多用于普速铁路,AT供电方式多用于高速、重载铁路。

(3)牵引变电所受电电压

结合目前国内电网短路容量现状,既要保证牵引供电系统的供电质量,又要有利于牵引供电系统在电源进线方面的节能,牵引供电系统设计过程中普速电气化铁路一般接入电力系统的110千伏网络;高速电气化铁路一般接入电力系统的220千伏或更高电压等级的网络;重载货运电气化铁路一般接入电力系统的110千伏或220千伏或更高电压等级的网络。

(4)牵引变压器等设备选型

牵引变压器采用合适的空载和负载损耗比,降低了变压器的损耗,牵引变压器采用节能型变压器,降低牵引变压器负载损耗。图4.15为节能型牵引变压器。

图 4.15 节能型牵引变压器

4.3.2.5　动车段所、机辆段所节能关键技术

勘察设计阶段对动车段所、机辆段所开展合理的规划布置，采用智能化、自动化、绿色环保型工艺或检修设备，有利于提升动车段所、机辆段所的绿色、低碳水平。动车段所、机辆段所绿色低碳节能设计关键技术：①以 BIM、GIS 等技术为代表的动车段所、机辆段所数字化勘察、设计技术；②以智能化、信息化为代表的新型工艺设备设施。

在动车段所、机辆段所设计时，优先选用节电、节能设备，积极采用节能新技术、新工艺、新设备和新材料，优先推进检修、运维技术智能化升级和先进技术装备应用，推广低碳设施设备，建设安全可靠、智能高效、绿色环保的动车段所、机辆段所。

如图 4.16 所示，数字孪生技术将实际运行的动车段所、机辆段所设备设施的物理结构、物理特性、技术性能、设备参数、人员状况等进行数字的、形象化的、实时的描述与再现，创造一个虚拟的数字版的"克隆模型"，利用传感器等数据实现虚拟与现实的交互反馈。数字孪生技术已经成为智慧低碳动车段所、机辆段所构建的关键技术之一，并且被逐步应用到动车段所、机辆段所的碳管理之中，如能源管理，通过数字孪生技术可以在全息镜像的展示环境下实现动车段所、机辆段所能源系统的系统规划、智能诊断和远程维护等功能。

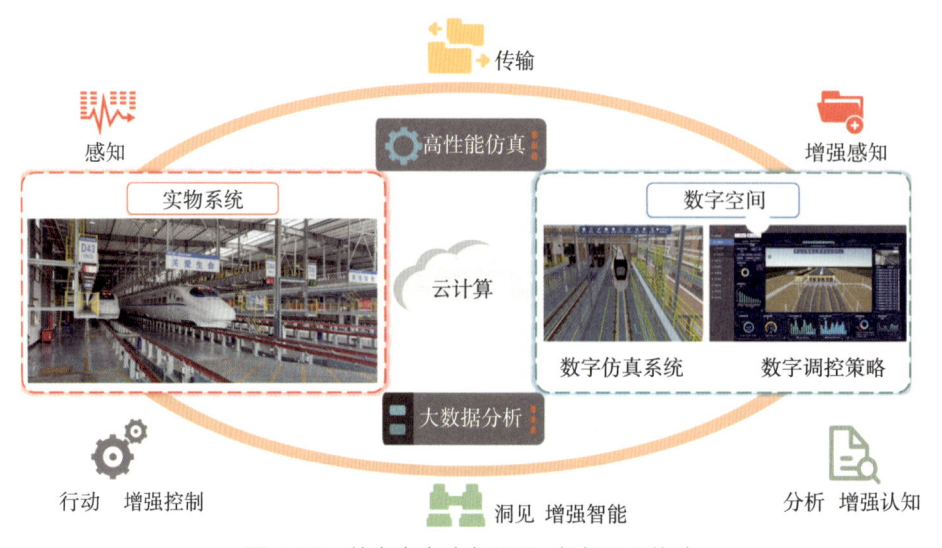

图 4.16　数字孪生动车段所、机辆段所构建

4.3.2.6　绿色低碳站房设计关键技术

（1）站房建筑光伏一体化关键技术

应用数字化的幕墙分型技术将站房柱网的限制模数与光伏板的尺寸进行

"分解—重构—整合",将整体屋面、墙面、幕墙等根据结构的特性分为若干部分,再对每部分进行统一模数的分解。单元模块集成了阳光板和太阳能板,功能高度集成,形成建筑光伏一体化体系,达到充分利用可再生能源的目的。

(2)大型铁路站房枢纽新型空调系统组织模式关键技术

传统空调末端集中布置于建筑机房内,采用冷热空气输送方式,将处理好的空气通过风管长距离输送至被空调区域。由于采用集中统一空气处理方式,调节控制灵活性较差,很难满足旅客空间多样化、精细化舒适控制要求,无法根据局部空间需求变化及时有效按需供给,容易出现局部区域过冷或过热问题。此外,由于风管输送距离较长,风系统能耗居高不下,导致整个空调系统能耗较高。针对传统空调末端设置的不足,可采用分布式空调系统。相较于传统依赖风管进行空调送风的空调末端,分布式空调系统将空调制冷末端设备分散化布置,利用水管进行冷热能量的输送。分散式送风末端采用创新性气流组织模式代替传统模式,具有以下优点。

1)改善冷热不均问题。空调末端装置分散化布置可以更好地保证大空间内送风的均匀性,减少室内局部位置冷热不均现象。

2)提高旅客空间热舒适精细化控制水平。空调末端系统采用分散化控制,实现局部空间的精细化环境调节,同时满足旅客空间多样化热舒适需求,可根据人员集聚多变状况,针对不同冷热负荷需求的旅客驻留空间,实现更加灵活精准的控制,避免过冷或过热问题。

3)减少风系统输配能耗。将冷热水直接引入被空调区域,由于水的比热容大,水的输送能耗远低于空气输送能耗,通过以水带风的方式,缩短空调送回风管道,可明显减少风系统的输配能耗,通过合理布置空调末端装置,风系统输配能耗可降低30%以上。

4)提高旅客活动空间空气品质和通风效率。气流沿柱体附面层流动扩散至地面,冲击地面后贴附形成空气湖,将新鲜空气和冷量最大限度地输送到乘客活动区,大大提高了空气品质和通风效率。这种对大空间空调系统的优化设计,不仅节约能源,还能实现灵活调节,满足人员对不同温度的需求。

5)节能减碳效果明显。壁面贴附通风房间高度方向有明显的流场分层现象,由于贴附通风模式只需处理下部空间的热湿负荷,最大限度压缩了空气调节空间,减少实际送风量,将新鲜空气和冷量最大限度地输送到乘客区,显著提高了高大空间的通风效率,相应地降低了空调冷热负荷,节能或减碳效果突出。

(3)铁路站房暖通空调智能运维节能控制关键技术

根据相关调研结果,传统车站制冷机房能效普遍偏低,仅为3.0左右,远低于行业高效机房 5.0 标准，提升空间很大。此外，大型客站暖通空调系统庞大、配置繁杂，控制复杂度很高，目前多数车站自控系统参与度较低，依靠人力必然造成运维管理水平低、能效低下及供需不平衡间接导致热舒适性较差问题。因此，利用智能信息技术，打造稳定可靠的智能运维系统，是实现供需平衡、运维高效的关键措施。打造高效机房系统，并配套智能运维节能控制系统，真正从能源机房源头实现按需供给，同时提高运维管理水平及能效，打造绿色冷热能源供给系统，其具有以下优势。

1）大幅提升机房能效，打造绿色低碳机房。按照高效机房标准，从项目前期开始准备，成体系打造整个能源系统，以目标为导向，按要求配置相关系统设备及组件，最终达到全年制冷能效 5.0 及以上目标，相比传统模式，能效提升 50% 以上。

2）提高运维水平，打造智能暖通系统。暖通空调智能运维节能控制系统是搭建在冷热水系统、冷热水输送系统及末端机组之上的统一的供暖空调控制系统。在满足空调区室内空气温度、湿度、空气品质等级要求并保证空调系统正常运行的基础上，根据负荷特性，优化现有空调系统的运行、控制模式，对空调循环水系统进行负载跟踪调节，实现水系统的供需平衡，提高能源利用效率。

（4）基于 BIM 的建筑设备监控及能源管理技术

基于 BIM 的铁路站房能源智能管控系统，以智能、集成、共享、联动、安全、节能、增效为主要特征。在智能化硬件综合集成的基础上，实现集中监测、系统自控、信息汇聚、资源共享、协同运行、风险管理、优化管理、数据分析以及决策支持等应用功能。利用云计算、物联网、大数据、5G 通信、人工智能等先进技术，实现车站及全线智能装备、智能运营技术水平全面提升，推动铁路运营向安全高效、绿色环保方面发展。

4.3.2.7 TOD 站城融合技术

TOD（Transit Oriented Development）即"以公共交通为导向"的开发模式，是由美国城市规划学者彼得·卡尔索尔普 1992 年提出的，其中公共交通主要是指轨道交通及城市公交干线。TOD 是以公共交通车站枢纽为中心，以 5~10 分钟步行路程为半径建立城区中心，其特点在于集工作、商业、文化、教育、居住为一体，使居民或上下班职员出行能方便选用轨道交通、公交、步行等多种方式，使铁路、城市轨道交通等低碳交通方式的使用最大化。TOD 模式由于具有集约节约城市用地、方便居民出行、减少交通拥堵和环境污染、促进城市更新和可持续发展等优势，被世界各国广泛应用于铁路建设和城市开发。

2013年8月和2014年7月，国务院先后出台《关于改革铁路投融资体制加快推进铁路建设的意见》和《关于支持铁路建设实施土地综合开发的意见》，将铁路车站及周边土地综合开发作为铁路投融资体制改革的重要内容，为推进铁路土地综合开发提供了政策依据。之后，国家有关部委、中国铁路总公司及各省（自治区、直辖市）也相继出台了一系列支持铁路土地综合开发的配套政策和实施细则。近几年，一些TOD模式的铁路土地综合开发和站城融合项目已经建成或正在建设，如重庆沙坪坝枢纽综合体、广州凯达尔、福厦高铁沿线开发、珠江三角洲城际沿线开发、杭州艮山门动车所上盖、杭州西站、深圳西丽等项目。

TOD利用政府规划土地，在主要交通枢纽和交通走廊周围发展商业和住宅，提高人口密度，从而提高铁路投资收益。通过对车站周边规划开发区土地征用、引入铁路等公共交通后，从土地升值的回报中回收铁路等公共交通的先期投资或弥补铁路公益性运营的亏损。TOD模式有助于提高铁路项目投资效益、节约集约利用土地资源、促进综合交通枢纽建设、推动铁路城市有机融合，是实现铁路高质量发展、提升城市品质、促进铁路和城市可持续发展的重要途径。

铁路TOD站城融合设计主要关注以下几个方面。

1）铁路枢纽选址与城市规划的协调。铁路客站作为城市基础设施的重要组成部分，应将其规划纳入城市总体规划，服从城市规划的整体安排，以便更好地为城市发展和人民生活服务。

2）高效、合理的土地利用。铁路客站的用地应充分整合城市整体战略布局、满足城市融合需要，以便捷居民出行为目标，合理组织周边的城市用地功能，集约节约利用土地，充分利用空间尺度，统筹考虑商业、铁路配建停车场、步行通道等乘客配套设施。

3）综合交通一体化。铁路客站设计应注重一体化交通布局，即通过系统的功能分析和交通研究，建立一体化的站内交通、站区交通和地区交通系统，实现进站客流与出站客流的合理分流、铁路站内交通与站外交通的无缝衔接以及站区客流集散与地区发展需求的同步满足。

4）空间一体化。铁路客站设计尽量实现与城市"地下－地面－地上"立体空间布局一体化，最大限度地利用城市空间，强化功能组合，鼓励地下空间利用、下层花园、空中连廊、多层露台、建筑体的立体穿插，使通常只有建筑首层才有的丰富公共活动扩散到广泛的立体空间。

5）景观一体化。在城市总体设计中，将铁路站场及周边地区作为城市设计的重要控制区，完善公共空间和景观规划指引，明确风貌特色建设要求。开展铁路站场及周边地区城市设计，结合功能分区、用地布局、交通组织、园林绿化等规划设想，深化细化站场及周边地区的空间形态、景观意向、建筑布局，明确建筑风格、体量、高度、色彩等控制要求，符合地方气候特点，反映区域特征、时代风貌的城市空间。

专栏 4.8：沙坪坝站铁路综合交通枢纽[①]

沙坪坝站铁路综合交通枢纽工程位于重庆市，是全国首个高铁商圈 TOD 城市综合体项目。项目包括综合交通枢纽和物业开发两个部分，总建筑面积 74 万平方米。其中综合交通枢纽面积 26 万平方米，主要包括成渝客专沙坪坝站站房、进出站通道、高铁站台、铁路配套用房、高铁换乘厅、地下公交、出租车站、地下停车库、轨道 9 号线沙坪坝站。物业开发面积 48 万平方米，包含 A 区和 B 区商业 21 万平方米，6 栋高层办公楼 27 万平方米。沙坪坝站效果见图 4.17。

图 4.17 沙坪坝站效果图

作为全国首个集高铁、地铁、公交、出租车站、商业等为一体的交通枢纽商业综合体，其在节约土地、土地分层确权、提升客流集散效率、节能减排等方面有较多的技术创新。

（1）通过站场上盖，充分节约和利用城市中心区土地

项目位于重庆市沙坪坝区核心区域，紧邻沙坪坝区商业中心三峡广场，片区用地非常紧张。为最大限度节约城市用地，拓展城市空间，项目充分利用面临三峡广场的区位优势和现有的交通条件，通过对沙坪坝火车站站场整体加盖做城市广场和物业

---

① 资料来源：中铁二院工程集团有限责任公司。

开发，实现了与三峡广场无缝衔接，助推沙坪坝传统商圈提档升级。通过上盖物业开发，打造标志性建筑，形成新的发展核心，对提升城市形象，带动火车站以南地区的发展有着极其重要的作用。沙坪坝站周边土地见图 4.18。

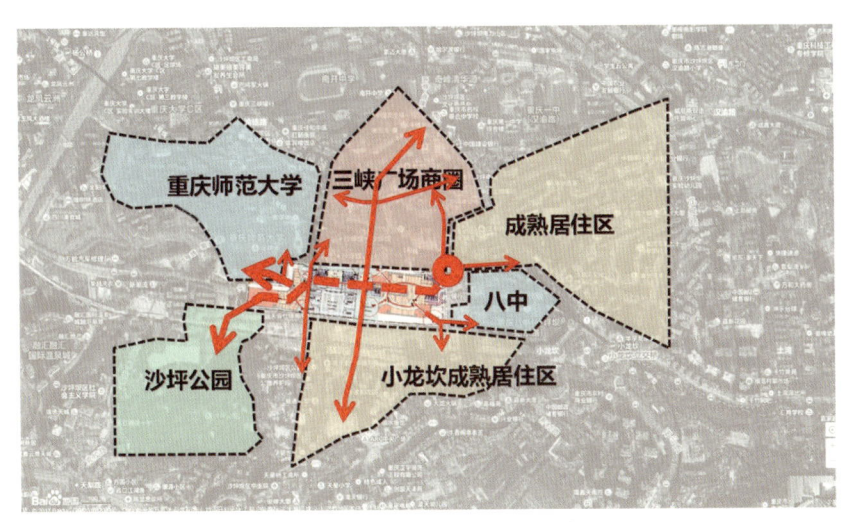

图 4.18　沙坪坝站周边土地示意图

（2）轨道交通先导，促进 TOD 发展模式

借鉴世界发达城市以公共交通为导向的 TOD 发展模式，以沙坪坝枢纽项目为核心引领城市发展。在全国率先引入"站城一体化"的设计理念，将高铁站设于城市核心区，深度融入城市空间，以火车站改造为契机，进行地域土地重整，优化核心区环境，提升城市品质。

利用项目自身的公共交通条件，打造集高速铁路、城市轨道交通、公交、出租车、社会车辆、人行通道为一体的现代综合换乘枢纽，实现各交通工具之间"零距离"高效换乘，方便市民绿色低碳出行，减少乘坐小汽车进出站，缓解城市交通拥堵和空气污染。有别于将高铁车站设于远离城市的郊区，导致需要大量的配套交通投资，本项目探索出了将高铁车站设于城市核心区的成功案例，真正起到带动城市发展，让居民的交通出行高效便利，体现低碳交通和城市可持续发展的理念。沙坪坝站衔接交通见图 4.19。

（3）采用各类节能技术，实现节能减排

综合交通枢纽建筑体量大、能耗多，项目开始就将"节能降耗、提高能源利用率"的理念贯穿于从设计到施工、运营的全过程。通过对建筑本体节能、地下空间通风和采光、空调系统节能、给排水系统节能、电气系统节能等方面的研究，使整个枢纽在规范要求基础上再节能 30%。同时在建设期间，注重减少对自然资源特别是不可再生资源的消耗，有利于生态环境的保护和绿色低碳可持续发展。

图 4.19　沙坪坝站衔接交通示意图

专栏 4.9：杭州西站枢纽站城综合体[①]

杭州西站枢纽站城综合体位于杭州市余杭区，由站房、站场、雨棚上盖综合体和南北站城综合体组成。站场线路呈东西走向，规模为 11 台 20 线，均为高架铺设。

（1）TOD 项目

杭州西站北、南侧及站房四周雨棚上部均建设有车站综合体。杭州西站枢纽坚持"站城一体、综合配套、三生（生产、生活、生态）融合"的理念，利用站房两侧传统车站广场，规划配置商业、酒店、公寓、文化、办公等业态。围绕"现代综合交通枢纽、杭州新地标、城西 CBD 和高端人才集聚地"建设目标，先后开展了城市概念规划编制、城市设计征集及深化、区域控制性详规编制及优化、双铁上盖建筑概念设计方案征集、综合交通、防洪、文教体卫、职住平衡等相关专项规划和专题研究。

北侧综合体"金钥匙"由一栋主塔楼、一栋次塔楼以及两栋副塔楼组成，其中主塔楼高 399.8 米。北侧综合体主要用于商务办公、企业总部，并设有 360 度云端观景平台。作为数字经济企业发展区域，该区域将融合未来产业、高端酒店、影视剧场、名品购物、互动式体验等多种业态。

南侧综合体包括"金手指"和"云门"。其中，"金手指"高约 320 米，共 70 层。"金手指"主要打造差异化酒店产品，覆盖商务、休闲等不同细分市场，并与北综合体形成杭州新中心高端酒店群。"云门"为 14 层建筑，主要用于商业、办公、会展等。

[①] 资料来源：杭州日报、人民网、钱江晚报、杭州西站枢纽公司。

其中，底层主要为商场、商业区，门洞两侧主要为办公区和科创中心，门洞顶部主要为会展用地及特色餐厅。

雨棚上盖TOD坐落于车站雨棚上盖站房四角，主要用于酒店、办公、商业服务等业态，并于上盖空间设置凸出观景台。其中，西面两栋及东北角一栋建筑主要用于政府部门、企业办公，东南角2号楼作为酒店，西南角的4号楼将引入企业孵化器及众创空间并配套办公区商业业态。站房四角雨棚上盖建筑通过环状空中花园连廊慢行系统连接，实现旅客快速通达。

杭州西站枢纽站城综合体项目的实施既利于铁路运输功能与城市综合服务功能融合，又大大提升城市空间品质。未来，西站枢纽将建设成为高铁枢纽、城市功能、产业发展紧密结合的杭州新地标、城市新中心，将为周边居民提供一站式生活、工作和休闲空间，有效辐射范围或将扩大至长三角都市圈。

（2）先进的节能技术

1）光伏发电设施。杭州西站站房屋面铺设7540块400峰瓦单晶硅光伏组件，采用"自发自用、余电上网"的并网模式，预计年均发电量可达231万千瓦·时，可供车站广告、商业、空调等使用，预计每年可节约标准煤830余吨，减少二氧化碳排放2300余吨，降低车站用电成本。

2）辐射制冷设施。杭州西站采用辐射制冷膜，将屋面的热量反射，实现不耗能制冷；可降低屋面太阳辐射热，减少候车室空调能耗，实现节能减排。

3）智能照明系统。杭州西站配备智能照明系统，可根据人流量、列车进出站、天气变化等因素，调整开灯数量、调节灯光照度。当列车进站时，系统会增开站台灯，无车时，自动关闭部分灯光，使照度等级调整为最低保证照度。在地下车库，采用无感节能控制，人来灯亮，人走灯熄。

4.3.3 铁路施工建造低碳技术

4.3.3.1 铁路建设期碳排放核算与碳减排效益分析关键技术

铁路建设期碳排放主要包括铁路建材生产阶段碳排放和铁路施工建设阶段碳排放。

铁路建材生产阶段碳排放主要是指各种建筑材料、运营设备装备在生产、制造、加工过程中所消耗的能源和产生的排放。通过分析不同建材的碳排放系数，并结合材料的损耗，确定建设单位长度的铁路需要的建材数量和产生的碳排放数量，根据铁路的建设长度，确定建材的碳排放数量。

铁路施工建设阶段碳排放包括两部分，一是建筑材料由产地运输到施工现场的运输碳排放，二是建筑物、构筑物施工过程中的机械设备碳排放。在建材运输碳排放方面，通过合理确定建材的产地和运输距离，结合运输方式的碳排放系数和运输量的大小，可以确定各类建材从产地运输到施工现场产生的碳排放。在施工机械设备碳排放方面，铁路各子系统基础设施施工建设安装调试过程中使用了许多施工机械和设备，根据建设项目工程量及相应定额可计算出施工过程施工机械设备的台班消耗量，进而计算出其电力、燃料消耗，从而计算出其碳排放量。通过将上述两方面的碳排放汇总，即可得到铁路施工建设阶段的碳排放总量。

4.3.3.2 桥梁工程绿色低碳施工建造关键技术

（1）预制构件工厂化生产加工技术

采用自动化流水线、机组流水线、长线台座生产线生产标准定型预制构件并兼顾异型预制构件，采用固定台模线生产房屋建筑预制构件，满足预制构件的批量生产加工和集中供应的要求。

工厂化生产加工技术包括预制构件工厂规划设计、各类预制构件生产工艺设计、预制构件模具方案设计及其加工技术、钢筋制品机械化加工和成型技术、预制构件机械化成型技术、预制构件节能养护技术以及预制构件生产质量控制技术。

预制构件工厂化加工生产的效率高、成本低、能耗少，满足"绿色施工"的要求。

（2）优化墩身结构形式，减少模板投入

针对项目墩身结构种类多，墩身模板投入量大，对墩身结构形式进行合理优化，减少墩身模板种类；在施工推进过程中规划墩身模板倒用顺序，增加模板周转次数，减少模板钢材使用量。

（3）无人化、少人化桥梁施工技术

无人化、少人化是目前倡导的铁路桥梁绿色施工技术，结合目前既有的施工技术水平，针对小型桥梁，继续深化开展铁路简支梁少人化钢筋绑扎技术、混凝土少人化浇筑和养护技术、简支梁智能运输和架设技术。针对大型桥梁，深入开展大跨度桥梁虚拟建造技术研究，研发大型支座、缆索、伸缩装置等自感知设备，研究大直径桩基础、缆索吊机、主缆施工等智能机械设备。

铁路装配式结构全工序自动化生产也是绿色施工的关键技术，通过典型土建装配式结构形式研究，构建适合绿色施工、工业化施工的结构体系，使结构更具简单化、标准化，简化施工工序流程，减低资源消耗。同时，加强装配式结构生产、拼装和铺设环节的自动化生产技术研究，形成配套自动化施工装备，降低建造过程对作业人员、施工场地资源的占用。

4.3.3.3 隧道工程绿色低碳施工建造关键技术

铁路隧道工程绿色低碳施工建造方面,主要集中在隧道光面爆破技术、隧道涌水再利用及隧道洞渣利用方面。

(1)光面爆破技术

可精准控制隧道开挖轮廓线,减少超挖导致的施工资源的浪费。同时,光面爆破有利于后续防排水、衬砌施工质量一次成优,避免返工导致的能源、资源消耗。图 4.20 为光面爆破技术示意图。

图 4.20 光面爆破技术示意图

(2)隧道涌水再利用

隧道涌水坚持"限量排放",减少地下水疏排对水资源或洞顶植被的影响,不断提高洞内施工清洁生产水平,隧道涌水进行清污分流,清水及处理后的污水优先回用于混凝土拌和、隧道洞内衬砌养护、绿地浇灌、场地洒水降尘等,有效节约水资源。图 4.21 为隧道涌水二次利用示意图。

(3)隧道洞渣利用

隧道洞渣尽可能加工后二次利用,用于混凝土骨料、路基填料等,减少工程弃渣,节约运渣能源消耗及弃渣处置临时用地。图 4.22 为全封闭石料加工厂。

图 4.21 隧道涌水二次利用示意图

图 4.22 全封闭石料加工厂

4.3.3.4 路基工程绿色低碳施工建造关键技术

（1）新型环保浆土碎石道路施工技术

项目施工临时道路是所有工程建设的生命线，担负着施工物资运输、人员和机械出入等重任。施工便道普遍采用的混凝土道路建造成本较高，而且运营期局部破损维修成本高、时间长；采用水泥稳定碎石道路、泥结石道路等又无法满足晴天少尘、雨天少泥的"绿色施工"要求。采用"浆土路临时便道施工方法"可以解决项目临时道路施工成本高、施工速度慢，同时彻底解决晴天尘土漫天、雨天泥泞难行的难题。该工法有效提高了施工效率，缩短了施工工期，降低了施工成本，满足了"绿色施工"的要求。

（2）路基边坡支挡防护结构预制与智能施工技术

深化贯彻执行"路基动力学设计—智能化施工—高精度检测"的路基智能填筑。例如，路基支挡及边坡防护工程、电缆槽、防护栅栏等采用工厂化制作和装配式施工技术，路基排水沟采用滑模工艺，路基填筑通过智能填筑施工技术，全面提升工程建设质量，提高施工效率，减少人工投入。

4.3.3.5 房建工程绿色低碳施工建造关键技术

（1）钢结构全生命周期 6S 智能建造技术

通过对钢结构工程建设进行分析，充分运用 BIM 技术、云技术，打通了数据传递链条，实现钢结构的设计→深化设计→预制加工→物流运输→现场安装→结构交验的信息无缝传递，做到了钢结构构件及焊缝级别的可追溯性，提升了管理沟通效率，缩短了施工工期，形成了钢结构 BIM 全生命周期智能建造新模式，详见图 4.23。

图 4.23 钢结构全生命周期 6S 智能建造技术

（2）客站雨棚装配式建筑技术

装配式混凝土雨棚构件加工及现场吊装机械化程度高，总体用工少，半工厂化加工相较于现浇雨棚节省了大量模架搭拆及周转料倒运，现场节省 70% 以上的用工，极大缓解了雨棚施工劳务用工紧缺的状况。同时构件制作采用定型钢模、可移动整体台模，钢模板周转可达 150 次，在适用于不同工程的前提下，取代高物耗、高能耗的木竹胶板，节省了大量的架体周转材料，有利于环保和降低能耗。

4.3.3.6 施工物流绿色低碳关键技术

合理组织施工项目内部的物流，是降低施工成本、实现铁路低碳发展的关键管理技术。

在施工项目中,物流费用在整个工程造价中占有相当高的比重。建立简练、高效、适用的工程物资管理体系,是实现铁路低碳发展的关键技术路径。

在铁路工程建设物流组织及协同调度方面,应充分考虑铁路施工用材料供应计划、施工组织设计及大型临时设施的同区域利用。

1)合理确定铁路施工材料的供应计划,充分调查线路周边地区材料供应源分布情况,综合考虑料源供应范围,降低运输能耗;结合工程实际合理确定土方调配方案,优化调配距离,降低运输能耗。

2)充分利用既有资源,尤其注意同区域、不同项目的大型临时工程的利用,例如在建铁路线可利用同区域其他铁路项目轨道板厂,这种方式已在京津冀等区域多个重点项目中采用。

专栏4.10:拉林铁路

拉林铁路是我国铁路绿色建造的典范。在拉林铁路的建设过程中,低碳节能理念贯彻始终,成为首条高原电气化铁路建设的绿色精品工程。

(1)方案研究

在拉林铁路前期研究阶段,进行大范围多方案选线(如桑加峡谷段线路方案),经综合比选选择工程简单、经济合理的线路方案,在工程源头上为实现低碳节能提供强有力的支持。

此外,铁路选线过程中充分考虑利用既有和在建道路,以及养护维修条件和成本,为建设和运营持续实现低碳节能助力。例如,在进行加查至朗县段方案比选时,选择了养护运营条件好、成本低的沿江方案。

(2)隧道设计

拉林铁路作为高原铁路,隧道海拔高程2950～3650米,接触网绝缘距离要求隧道断面高度在一般铁路的基础上加高10厘米。在历经十几稿隧道断面设计后,最终拟定出高度增加但面积基本不变的断面尺寸,不仅节约了工程投资,也节约了大量钢材、水泥、河沙等资源的使用,降低了施工的能源消耗。

此外,拉林铁路隧道众多,挖方量大,受地形以及环境制约,弃渣运距很远,动辄20～30千米。为此,设计过程中结合本线花岗岩隧道较多的特点,充分考虑了对弃渣的综合利用,特别是就近利用,将弃渣用作隧道混凝土骨料,不仅解决了弃渣占地和运输能耗问题,还减少了外购混凝土骨料,节约了投资和运输能源消耗。

(3)桥梁设计

藏木雅鲁藏布江大桥是拉林铁路重点标志性工程,位于西藏自治区山南市加查县境内。该桥位于高原、高寒、缺氧的地区，人烟稀少、自然环境恶劣，桥梁的养护防腐问题十分突出。桥梁若使用普通桥梁用钢则未来养护防腐问题将十分困难。设计中采用了具有良好抗腐蚀性能的高强度无涂装耐候钢，虽然初期成本略高，但全生命周期成本低，可大大减少维护工作量和对环境的影响。高强度无涂装耐候钢的应用，保护了青藏高原脆弱的生态环境，同时也实现了桥梁建筑与周边环境的自然和谐。

（4）车站、路基设计

拉林铁路在车站设计中新建车站尽量靠近城市并兼顾工程地质条件，尽可能自然排水，生产生活设施的场坪布置充分考虑相关生产工艺，为各项生产设备节能减排创造了有利条件。

在路基设计中尽量沿河傍山，路基土石方优先使用隧道弃渣、路基移挖作填的原则，边坡骨架采用浆砌片石护坡，很好地消化了挖石、隧道弃渣，有效节约了用地，减少了对环境的破坏。

（5）灌溉节能

结合拉林铁路工程结构形式，首次提出太阳能灌溉远程控制系统，针对雅江河谷实施远程自动化控制，使得植物成活率达85%以上，养护费用较人工养护节约了38.4%，且养护期近零碳排放，从而引导拉林铁路生态系统实现自我更新和可持续发展。

（6）轨道节能

为了减少拉林铁路的养护维修工作量、降低高原铁路人工劳动强度，拉林铁路在全线非自动闭塞区段设计了太阳能钢轨断轨监测设备。太阳能钢轨断轨监测设备主要由区间定标器、主站设备、客户端软件、断轨报警器、太阳能电源等模块构成，24小时不间断实时监测，在测点设备区段无车时，能实时监测钢轨状态，断轨故障或钢轨折断必须报警且不漏报。监测数据通过GPRS无线方式传输到工务段监控中心终端服务器监控平台及车间/工区的断轨报警器，报警信息通过短信平台发送到相关人员手机端。

（7）供电系统

拉林铁路供电工程主要考虑结合西藏中部电网与昌都电网交流联网通道的建设而形成雅江中游至四川主网的交流通道。拉林铁路供电工程的建设可兼顾西藏中部地区水电外送，促进西藏中部地区水电开发，有利于清洁能源优化配置，对降低煤炭占一次能源消耗比重和减少碳排放起到了积极的作用。

拉林铁路牵引供电系统的能量损耗分为外部电源系统损耗、牵引变压器损耗和牵引网损耗等，通过首次在一条线路中同时采用220千伏和110千伏两种电压等级，以及采用低损耗牵引变压器和全补偿简单链形悬挂、载流承力索，可减少单位阻抗，降低牵引网电能损失。

4.3.4 清洁高效采暖技术

目前，铁路站段冬季采暖和热水供应采用燃煤锅炉、燃油锅炉以及市政热力等方式。2013年发布了《国务院关于印发大气污染防治行动计划的通知》，提出要全面整治燃煤小锅炉。到2017年，除必要保留的外，地级及以上城市建成区基本淘汰每小时10蒸吨及以下的燃煤锅炉，禁止新建每小时20蒸吨以下的燃煤锅炉；其他地区原则上不再新建每小时10蒸吨以下的燃煤锅炉。同时，燃油锅炉运行成本过高，经济性较差，这就要求铁路站段要采用相应的节能技术替代既有锅炉，进而达到节能目的。

空气源热泵技术是目前铁路应用成熟的一种适合替代既有锅炉的节能技术。空气源热泵是以大气作为低温热源，通过消耗少量电能，可将空气中的低位热能提升为高位热能加以利用，是一种高效、节能、环保、适应性强的制热技术，可较好地满足供暖和使用热水的需求。

我国铁路营业里程长，涉及地域广阔，自然环境温度变化大，单体建筑数量多。绝大多数建筑都需要冬季供暖、夏季制冷，几乎所有铁路建筑都有生活热水需求。此外，还有机车、车辆配件在维修中采用高温热水清洗的需求。"十三五"以来，北方一些铁路运输企业开展了二氧化碳空气源热泵的供暖改造工作，大量的燃煤和燃油被替代，到2020年，燃煤消耗已经被压缩至5%以内，能源结构得到显著优化，取得了显著的减碳效果和经济效益。图4.24为某铁路企业工区空气源跨临界二氧化碳热泵机组。

图 4.24 空气源跨临界二氧化碳热泵机组

（图片来源：https://www.rails.cn/hbs/html/chengguo/xxrbkt.html）

4.3.5 太阳能光伏发电技术

随着国家"双碳"战略的实施,太阳能光伏技术已经成为铁路开展节能减碳工作的重要措施。从 20 世纪 80 年代开始,我国采用太阳能光伏发电系统作为铁路沿线不易接入电网的信号灯、通基站和值班室的供电系统。随着光伏发电技术的不断成熟和应用的增加,在铁路运输企业上的应用范围也进一步扩大。2008 年,北京南站和青岛站安装了大量光伏发电系统。此后,武汉站、杭州东站、上海虹桥站、南京南站、广州南站等地相继部署了光伏发电系统,青藏铁路沿线设计并安装了 35 座千瓦级无人值守的光伏发电站用于通信电源,秦沈客专沿线安装光伏发电系统作为通信电源。除铁路客站外,物流基地、动车段等地相继建设和应用了光伏发电系统,根据应用结果发现,该系统的节能降碳效果良好,减少了该区域二氧化碳排放。

目前,我国铁路建设的光伏发电系统多采用 BAPV(指安装在建筑物上的太阳能光伏发电系统)安装方式,将光伏板铺设于客站雨棚或建筑屋顶。采用的光伏电池组件主要为多晶硅电池,也有单晶硅、非晶硅和薄膜电池组件。并网方式有高压并网和低压并网两种方式,高压并网采用升压变压器升至 10 千伏并入电网,低压并网通过客站变配电所的 380 伏电压并入电网。

目前,光伏发电技术已相对成熟,在公共建筑、园区等均有所应用且取得了良好的节能效果。因此,将光伏发出的电应用于铁路客站等场所已经不存在太多的技术问题。随着光伏电池的转换效率不断提升和生产成本的逐年降低,以及电力电子技术的发展,现有的光伏发电质量完全能够满足国家电网的并网消纳要求,这为光伏发电系统在铁路的应用提供了良好的基础条件。随着国家"双碳"目标的提出,在铁路绿色发展和提质增效的大背景下,光伏发电技术在铁路上有着良好的应用前景。

"自发自用、余电上网"仍旧是铁路运输企业应用光伏发电系统最合理的方式,此种模式下用户获得的经济效益最大,投资回收期最短;用户的自用比例越高,经济性越好。因此,铁路站房等区域采用分布式光伏发电系统,上网模式采用"自发自用、余电上网"的方式,并根据地域限制、投资规模和站房实际用电量需求设计光伏系统安装容量,尽可能保证站房用电占光伏系统所发电量的比例越高越好。此外,对于铁路光伏发电系统,可安装带有远程自动监测功能的光伏发电系统,方便用户实时掌握光伏系统发电及用电情况,及时发现系统损坏情况,实现系统诊断、定位和预警功能,提高光伏系统的安全性、可靠性和系统发电效率。

专栏 4.11：太阳能光伏发电

（1）雄安站光伏发电

雄安站（图 4.25）总建筑面积 47.5 万平方米，为桥式站，屋顶采用"光伏板＋阳光板"的设计形式。2020 年 12 月 25 日，京雄城际铁路雄安站站房屋顶分布式光伏发电项目正式并网发电。项目采用"自发自用、余电上网"模式，总装机容量 6 兆瓦，每年可为雄安高铁站提供 580 万度清洁电力供应，能够为高铁站提供 20% 的电力，真正实现清洁低碳。

图 4.25 雄安高铁站

（图片来源：http://www.xiongan.gov.cn/2021-04/05/c_1211098520.html）

（2）天津西站光伏发电

天津西站是京沪高速铁路五个大型节点车站之一，是连接东北、华东重要的交通枢纽。天津西站位于天津市红桥区，车场规模 13 台 26 线。

天津西站无站台柱雨棚为钢结构，位于中央站房东西两侧，对称布局，南北与站房辅楼相接，总面积约 7.5 万平方米，除局部铁轨部分露天井外，雨棚顶部面积约 6.1 万平方米。

天津西站铁路客站太阳能并网发电工程位于车站两侧无站台柱雨棚上，利用面积约 2 万平方米，采用太阳能非晶硅组件整体平铺于雨棚上、经直流汇流箱、并网逆变器、升压变压器等部分，采用"租用站房、全额上网"的模式，发电规模约 2000 千瓦，发出的电并入市政 10 千伏公用电网，该项目年均发电 220 万度，年减排二氧化碳 1830 多吨，年节约标煤 713 吨。本项目于 2012 年 8 月正式并网发电。天津西站柔性非晶硅电池组件如图 4.26 所示。

图4.26　天津西站柔性非晶硅电池组件

4.3.6　铁路建筑能源管控系统

随着高铁里程的逐步增加，铁路车站、办公楼等建筑数量和能耗也随之增加，铁路建筑能源管控系统作为一种铁路建筑综合能源管理信息化平台技术，能够有效提升建筑能源利用效率。

以客站为例，铁路客站能源管控系统通过融合各能耗子系统，实现对能源消耗的精细化管理，包括对客站内各类能源消耗系统的日常实时监控、能耗分析、重点用能设备自动控制和远程控制等多种功能，帮助客站管理者制定科学合理的考核、评价管理制度，提高整个客站能源管理的数字化、科学化和智能化水平。

铁路客站能源管控系统从2013年进行试点推广应用，在桂林站、上海虹桥站、北京北站、长沙南站、武汉动车段以及京雄、京张等多个客站进行了推广应用。应用过程中，铁路客站能源管控系统除对客站内各类用能设备进行能耗数据采集和监测外，还能根据环境变化实现对重点用能设备的自动控制，取得了较理想的节能效果，将传统的能源管理升级为现代化、信息化、远程化和自动化管理，有效提高了客站综合能源利用效率。图4.27为铁路能源管控系统界面。

未来，铁路可加强能源信息化系统的建设工作，在铁路大型站段进一步推广安全、稳定、可靠的铁路建筑能源管控系统，加快物联网、大数据、5G、区块链等新一代信息技术与铁路建筑能源管理系统的深度融合，提高铁路建筑能源管理的科学化和智能化水平，为铁路建筑节能降碳提供重要技术手段。

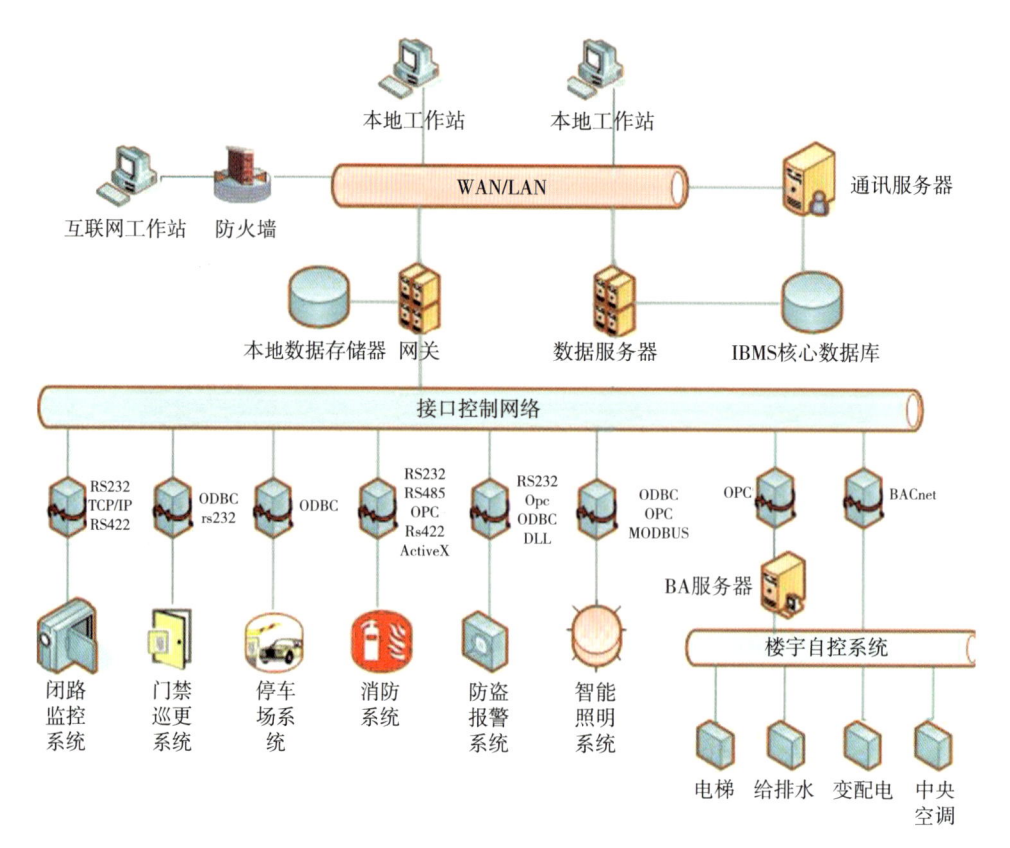

图4.27 铁路建筑能源管控系统

4.4 本章小结

在"双碳"发展背景下,铁路低碳发展关键技术主要集中于运输经营、运输装备和基础设施三个方面。

(1)运输经营方面

一是优化运输产品,构建绿色客货运输体系,助力运输结构调整;二是通过提高客车客座率、减少货车中转、优化空车调配等措施全面优化运输组织,提高铁路运输能效水平;三是从价格市场化、运输时效提升、服务水平提升、配套设施建设等方面共同发力,推动多式联运发展;四是通过推进"四网融合",打造轨道上的城市群都市圈,充分发挥铁路在旅客运输方面快速、节能、高效的比较优势。

(2)运输装备方面

一是从新能源动力机车、混合动力机车、车站装卸设备三个方面打造新型节能运输装备;二是从永磁同步牵引系统、列车再生制动技术、车体轻量化技术三方面推进列车牵引节能技术的研发与应用；三是开展智能驾驶技术研发应用，实现对列车车速调整和运行控制，提升行车智能化水平，降低列车牵引能耗。

（3）基础设施方面

一是坚持绿色发展理念，构建集约高效的客运系统和绿色低碳的货运服务体系，完善铁路路网规划；二是在选线、用地、用材、供电、动车和机辆段所、站房、碳汇等方面的设计方案中全面融入低碳理念，提升铁路低碳勘察设计水平；三是在施工阶段，针对桥梁、路基、房建等施工过程中积极应用低碳施工技术，全面提升铁路施工建造绿色化水平；四是从清洁高效采暖技术、太阳能光伏发电技术、铁路建筑能源管控系统三方面提升铁路运营阶段非牵引领域能源结构和能源利用效率。

参考文献

[1] 张艳兵，王道敏，肖衍. 城市轨道交通全自动驾驶的发展与思考[J]. 铁道运输与经济，2015，37（9）：70-74.

[2] 赵阳，张萍. 高速铁路自动驾驶技术研究与展望[J]. 铁道通信信号，2019，55（S1）：75-80.

[3] 金磊，冯晓娟，王守国. 铁路沿线供暖用低温空气源热泵热力性能对比研究[J]. 铁路节能环保与安全卫生，2019，9（1）：12-17.

[4] 马强. 低温空气源热泵在高原高寒地区铁路车站的应用研究[J]. 铁道建筑，2014（10）：116-119.

[5] 冯晓娟. CO_2空气源热泵热水系统在铁路站段中的应用[J]. 铁路节能环保与安全卫生，2019，9（2）：30-32，55.

[6] 杨海波. 以光伏技术为核心的综合供能系统在青藏铁路的适应性研究[J]. 中国科技成果，2021，22（9）：41-44.

[7] 王永泽，杨斌，谢汉生，等. 铁路客运站综合能源系统关键技术应用研究[J]. 铁路节能环保与安全卫生，2021，11（1）：27-31.

[8] 付磊. 光伏发电在铁路客站中的应用[J]. 建筑工程技术与设计，2020（8）：4350-4351.

[9] 吴健. 柴电混合动力机车动力系统优化配置研究[D]. 北京：北京交通大学，2021.

[10] 国务院. 国务院关于印发2030年前碳达峰行动方案的通知[EB/OL].（2021-10-24）[2022-10-14]. http://www.gov.cn/zhengce/content/2021/10/26/content_5644984.htm.

[11] 冯江华. 轨道交通永磁同步牵引系统研究[J]. 机车电传动，2010（5）：15-21.

[12] 邓浩衡，钟碧翠. 长沙地铁1号线永磁同步牵引列车能耗分析[J]. 现代城市轨道交通，2017（9）：10-13.

［13］鲁玉桐. 列车再生制动能量技术及应用研究［D］. 北京：北京交通大学，2019.

［14］何九红. 浅析节能视角下高速列车轻量化新材料应用［J］. 铁路节能环保与安全卫生，2020，10（5）：33-35. DOI：10.16374/j.cnki.issn2095-1671.2020.0056.

［15］金凤，胡晓炜，段利雷，等. 打造"智慧车站"南京南站去年碳减排七千多吨［N］. 科技日报，2022-01-25（003）.

［16］刘文峰. 广州局集团公司普速铁路干线旅客列车市场化开行的探讨［J］. 铁道运输与经济，2020（7）：55-59.

［17］梁栋. 空车动态优化配置的模型和方法研究［D］. 北京：北京交通大学，2007.

［18］赵红卫，梁建英，刘长青. 高速动车组技术发展特点及趋势［J］. 王程（英文），2020，6（3）：67-88.

［19］齐延辉，周黎. 复兴号中国标准动车组［J］. 工程（英文），2020，6（3）：53-66.

第 5 章　铁路低碳发展的支撑保障能力

铁路低碳发展需要在能力和机制上给予充分保障。要加强铁路网的规划和实施，全面提高运输结构优化、"公转铁"所需要的强大路网能力，积极推进铁路碳减排市场化运作机制，进一步完善政策支持。在提高承接能力方面，应着眼能力协调和组织优化；在推进市场化机制方面，应着眼碳交易、碳普惠、碳金融和合同能源管理；在完善政策支持方面，应着眼完善运输结构调整政策。同时，强化完善促进铁路发展政策支持。

5.1 提高运输结构优化调整承接能力

5.1.1 优化路网规划布局

铁路是国民经济大动脉、综合交通运输体系骨干，在我国经济社会发展中的地位和作用至关重要。同时，铁路运输以其大运力、高能效、低排放的优势，成为推进我国交通运输行业绿色低碳转型的重要力量，为实现我国"双碳"目标提供强有力支撑。

2016 年，国家发展和改革委员会、交通运输部、中国铁路总公司联合印发《中长期铁路网规划》，提出到 2025 年，铁路网规模达到 17.5 万千米左右，其中高速铁路 3.8 万千米左右。在规划目标指引下，近年来我国铁路建设加快推进，路网规模进一步扩大、路网布局持续优化。截至 2021 年年底，全国铁路营业里程达到 15.1 万千米，其中高铁营业里程 4.0 万千米。

不断完善的铁路网体系为提高运输结构调整承接能力、提升铁路运输市场份额提供运力保障，主要体现在以下两个方面。

（1）加快有序推进高速铁路建设，释放普速铁路货运能力

2017年年底，随着石家庄至济南高铁开通运营，"四纵四横"高速铁路网全面建成，按照《中长期铁路网规划》，目前"八纵八横"高速铁路网正在加密形成。高速铁路网的加快建设与逐步成网，为普速铁路网货运能力释放创造了有利条件。2019年（新冠肺炎疫情未发生前），全国铁路客运量达36.6亿人次。同时，自2018年运输结构调整行动计划实施以来，全国铁路货运量实现了快速增长，从2018年《推进运输结构调整三年行动计划（2018—2020年）》实施以来，全国铁路货运量实现了快速增长，从2018年的40.26亿吨增至2021年的47.74亿吨，年均增长5.8%。"十四五"及后续"十五五"期间，随着"八纵八横"高速铁路网与城市群城际铁路的全面建成，高速铁路网规模持续扩大、惠及人口不断增加，将进一步促进全网客货运输分工优化，释放普速铁路网货运能力，从而为更大程度地承接公路转移运量提供运力支持。

（2）扩大普速铁路网覆盖，完善路网布局

过去较长时期，我国铁路能力瓶颈问题突出。在2008年之前，我国铁路建设虽有一定发展，全国铁路总里程从1995年的6.24万千米增至2007年的7.8万千米，货物周转量也从1995年的1.3万亿吨千米增至2007年的2.38万亿吨千米。在铁路货运周转量增长83%的情况下，铁路营业里程仅增长25%，主要煤运通道和铁路局分界口能力利用率已然饱和，铁路网发展滞后于经济社会发展需要。2008年以后，随着高速铁路的快速发展和普速铁路网的扩能改造，铁路运输逐步由能力限制型向需求适应型转变，为我国经济发展和绿色低碳转型作出了重要贡献。未来，应以我国产业链布局和供应链需求为目标，结合煤炭、金属矿石等大宗货运需求和集装箱铁水联运需求等，合理规划普速铁路通道，优化货运基础设施布局，大力发展多式联运，强化集装箱、快捷、重载等物流网络建设，适应不同货物品类、不同批量、不同波动性的运输服务需要，形成大能力、高效率的货运物流网络体系，从而为进一步吸引大宗货物运输回流至铁路、集装箱等零散白货物流向铁路转移提供稳定、安全、高频、快捷的运输服务保障。

5.1.2 点线扩能改造

在干线网络基础上，针对局部能力瓶颈，推进路网基础设施补短板、强弱项，打通路网堵点，促进点线能力协调、运输组织高效，是充分发挥干线路网能力优势、提升路网整体效能、强化运输结构调整承接能力的有力措施。

（1）打通线路能力瓶颈

目前，路网中部分区段能力不足成为制约通道甚至全网能力提升的瓶颈。针

对这类能力瓶颈，采取适当的技术改造，将实现堵点疏通、路网能力提升，主要包括：对能力不足单线线路实施加站扩能、复线改造，提升线路通过能力；对技术标准偏低、与区域路网不匹配的线路实施电气化改造；结合运输需要，补强相关线路部分区段供电能力；对线路走向条件差、基础病害多且严重的线路实施改线改造等。

（2）畅通枢纽节点拥堵

节点运输不畅对通道及路网能力发挥、增量需求承载会产生不利影响。对此，匹配线路能力实施节点扩能改造，是实现点线能力协调、路网整体能效提升的有力措施，主要包括：加强枢纽内联络线、疏解线等建设，疏通枢纽瓶颈，提升枢纽通过能力；对作业能力紧张的车站实施增设股道、延长股道等扩能改造；选取部分邻近车站进行扩能改造，均衡作业压力，促进枢纽合理分工等。

（3）加强"前后一公里"体系建设

解决"前后一公里"衔接问题，是推进铁路多式联运、实现"公转铁"新增长点的必然要求。对此，以推进煤炭、钢铁、电力等大型工矿企业和物流园区大宗物资"公转铁"为重点，持续推进铁路专用线建设，继续推进重点区域重点企业专用线建设，加大大宗物资中长距离运输"公转铁"力度。以提高沿海、沿江港口集装箱铁水联运比例为目标，推进疏港铁路、港口集疏运中心等铁水联运设施连通项目建设，促进港区与铁路装卸线融合，实现无缝衔接，推动集装箱海铁联运提质增量。以强化公铁转运衔接能力为突破口，特别是针对零散小批量货源，稳妥有序推进铁路物流基地建设，强化接取送达运力配置，促进铁路主导下的公铁联运成本节约与竞争力提升。

5.2 推进市场化机制

5.2.1 制定铁路行业碳排放标准规范

针对铁路行业自身特点，研究建立统一规范的铁路碳排放核算核查、碳减排技术、碳基准确定等标准，支撑碳减排、碳管理等工作，规范推进碳排放统计工作。制定铁路企业温室气体排放标准，完善低碳产品标准标识制度，提升铁路企业低碳产品采购比例。

（1）研究制定统一的核算边界

铁路运输企业具有其独特的管理运行特点，铁路企业之间存在线路交叉以及企业管辖范围跨省份的情况。铁路运输行业温室气体排放报告与核算若按照现行属地化管理方式进行拆分，将与铁路行业当前数据统计基础存在冲突，从而导致大规模的数据拆分工作，难度大且数据不准确。因此，铁路运输行业在进行温室气体排放核算与报告工作时，应明确核算边界要求，以国铁集团下辖的18个铁路局企业法人管控范围为边界，而不应依据铁路企业所在行政区域进行核算。因此，铁路企业在政府将铁路运输行业纳入核查前，提供铁路企业相关的碳排放总量及强度数据，引导主管机构在铁路运输行业碳排放政策制定过程中采取统一的核算边界，为争取合理的碳排放权益打下基础。

（2）研究制定统一的核算方法及参数

铁路运输企业由电力引起的碳排放占80%以上，且有逐年增加的趋势。因此，电力排放因子是影响企业碳排放量核算结果的重要参数。现阶段企业排放量核算要求中，计算电力消耗导致的排放时采用的电力排放因子为六大区域电网的平均二氧化碳排放因子，依据企业所在区域选择对应区域电网的排放因子进行核算。然而，铁路企业由于其具有跨区域的特性，电力排放因子取值的差异将直接影响铁路企业排放量核算结果。因此，为了更好地核算铁路系统碳排放，实现铁路系统碳排放和交易的公平公正原则，铁路企业应在铁路运输行业碳排放政策征集阶段积极主动提供自身研究数据，协助有关部门研究制定统一的核算方法及参数。

同时，未来铁路运输企业纳入碳交易市场后，电力机车牵引导致的排放将是各铁路运输企业被管控的主要排放，如采用不同区域的电力排放因子，企业履约排放量将由于核算要求的不同导致存在差异，而与企业能源利用水平无关，造成一定的不公平性。因此，未来企业在核算履约排放量时，可采用最新发布的全国电网统一的平均排放因子，以体现这一市场公平性。

5.2.2 积极参与碳交易市场

5.2.2.1 我国碳市场交易现状及铁路试点工作

我国2011年部署在北京市、天津市、上海市、重庆市、湖北省、广东省及深圳市（"两省五市"）开展区域碳排放权交易试点。自2013年陆续启动以来，各试点区域碳市场不断深化制度体系建设，逐步扩大覆盖范围，探索优化配额分配方法，改进碳排放监测、核算、报告和核查技术规范及数据质量管理，加强履约管理。《中国落实国家自主贡献目标进展报告（2022）》提出，碳市场是落实"双碳"目标的重要政策工具，充分发挥市场在资源配置中的决定性作用，稳步推进全国碳排放权交易体系建设，逐步构建支撑全国碳市场运行的政策法规体系。2017年12月19日，我国启动全国碳排放权交易体系，并于2021年7月16日开市，除电力行业外，全国碳市场覆盖范围明确了8个高耗能行业于"十四五"期间逐步纳入，包括石化、化工、建材、钢铁、有色、造纸、电力和民航。我国政府提出将碳市场作为控制温室气体排放的重要政策工具，以发电行业为突破口率先启动全国碳排放交易体系，逐步建立起归属清晰、保护严格、流转顺畅、监管有效、公开透明、具有国际影响力的碳市场。

表 5.1 总结归纳了我国目前碳排放交易相关的政策法规及中国核证自愿减排机制（CCER）发展情况。

表 5.1 碳排放交易相关的政策法规

序号	法规名称	生效时间	颁布机构	立法层级	主要内容
1	国家发展改革委办公厅关于开展碳排放权交易试点工作的通知	2011年19月29日	国家发展和改革委员会	规范性文件	批准在北京、天津、上海、重庆、湖北、广东和深圳7个省市开展碳排放权交易试点工作
2	碳排放权交易管理暂行办法	2015年1月10日	国家发展和改革委员会	部门规章	明确了中国统一碳排放权交易市场的基本框架，将建立包括国家主管部门和省级主管部门的二级管理体系
3	全国碳排放权交易管理办法（试行）（征求意见稿）	2020年10月28日	生态环境部	部门规章	对全国碳排放权等级、交易和结算活动作出原则性规定，包括：①排放配额管理；②排放交易；③排放核查与排放配额清缴；④监督管理；⑤责任追究等
4	全国碳排放权登记交易结算管理办法（试行）（征求意见稿）	2020年10月28日	生态环境部	部门规章	对全国碳排放权登记、交易和结算活动相关要素作出具体规定：①明确登记、交易和结算各环节的基本要素；②明确登记结算结构和交易机构的职能；③明确登记、交易和结算的监管体系；④细化登记、交易、结算监管，编制相关管理细则
5	碳排放权交易管理办法（试行）	2021年2月1日	生态环境部	部门规章	组织建立全国碳排放权注册登记机构和全国碳排放权交易机构，组织建设全国碳排放权注册登记系统和全国碳排放权交易系统。全国碳排放权交易机构负责组织开展全国碳排放权集中统一交易
6	碳排放权交易管理暂行条例（草案修改稿）	2021年3月30日	生态环境部	部门规章	制定行政法规，形成碳排放权交易领域上位法，作为实施全国碳排放权交易的法律依据，对碳排放权交易的核心问题作出规定。征集意见截止时间为2021年4月30日

目前，国内仅有北京市和上海市开展了铁路碳排放权交易试点工作。2018年，北京市重点碳排放单位名单中与铁路运输企业相关的单位包括中国铁路北京局集

· 125 ·

团有限公司。中国铁路上海局集团有限公司从2013年到2015年进行了3年碳试点交易，2015年之后不再被作为重点控排企业进行碳核查。另外，铁路碳排放占全国总碳排放的比例较低，尚未纳入全国碳排放权交易市场。铁路运输企业数量较多，各铁路企业有其特有的特性，碳市场中的核算、报告、配额、交易等工作覆盖数据多，牵涉部门广。因此，可成立专门的碳市场管理机构，对铁路企业碳排放数据报告、配额分配和碳交易进行统一管理，既节省了人力物力，又实现了碳交易相关的统筹。

5.2.2.2 中国核证自愿减排项目

2012年6月13日，国家发展和改革委员会发布《温室气体自愿减排交易管理暂行办法》，明确规定了自愿减排碳交易管理模式、适用项目类型、交易流程，包括备案活动程序、文件及时间限制，交易机构开展工作的原则、内容以及对违规机构的处罚措施等。

铁路部门应摸清铁路碳排放家底，界定排放边界，明确可用于交易的碳排放量，积极开展试点示范。铁路作为相对清洁的交通运输方式，在实现碳达峰的过程中，铁路纳入强制性碳交易市场的概率较低，为利用好国家碳交易市场，铁路应积极跟踪中国核证自愿碳减排量市场政策，深入挖掘铁路自愿减排潜能。中国核证自愿碳减排量注册登记账户和交易账户自2017年暂停注册以来，2022年，由北京低碳交易所承接全国自愿减排工作，重新启动后的中国核证自愿碳减排量交易将为铁路项目的开发拓展新市场。

铁路用能涉及机车牵引用油、采暖、空调、通风、照明、热水和设备用电等。目前批准的减排方法学中适用于铁路领域的有两个方法学，包括高速客运铁路系统方法学（《CM-069-V01高速客运铁路系统》）和货物运输方式从公路运输转变到水运或铁路运输方法学（《CM-051-V01货物运输方式从公路运输转变到水运或铁路运输》）。除牵引用能相关方法学外，铁路非牵引用能也适用于建筑领域相关减排方法学，涉及提高能效减少终端能源需求、提高供应端能源效率减少能源损失和改善外围护结构。应用碳交易机制管控交通运输行业碳排放处于起步阶段，仍然存在争议并面临难题，铁路目前没有成功开发的自愿减排项目。表5.2总结了适用于铁路领域的备案温室气体自愿减排方法学清单，自愿减排项目的开发可基于以下方法学开展，按照方法学类型分为六大类，分别是可再生能源领域、燃料转换领域、能源输配领域、能效领域、交通领域和林业碳汇领域。

表 5.2　适用于铁路领域的备案温室气体自愿减排方法学清单

领域	方法学编号	方法学名称
可再生能源	CM-001-V02	可再生能源联网发电
	CM-022-V01	供热中使用地热替代化石燃料
	CMS-002-V01	联网的可再生能源发电
	CMS-003-V01	自用及微电网的可再生能源发电
燃料转换	CM-087-V01	从煤或石油到天然气的燃料替代
能源输配	CM-019-V01	引入新的集中供热一次热网系统
	CM-083-V01	在配电电网中安装高效率的变压器
	CM-097-V01	新建或改造电力线路中使用节能导线或电缆方法学
能效	CM-018-V01	在工业或区域供暖部门中通过锅炉改造或替换提高能源效率
	CM-052-V01	新建建筑物中的能效技术及燃料转换
	CMS-025-V01	废能回收利用（废气、废热、废压）项目
	CMS-029-V01	针对建筑的提高能效和燃料转换措施
	CMS-033-V01	使用LED照明系统替代基于化石燃料的照明
交通	CM-051-V01	货物运输方式从公路运输转变到水运或铁路运输
	CM-069-V01	高速客运铁路系统
	CMS-030-V01	在交通运输中引入生物压缩天然气
	CMS-039-V01	使用改造技术提高交通能效
	CMS-046-V01	通过使用适配后的怠速停止装置提高交通能效
	CMS-047-V01	通过在商业货运车辆上安装数字式转速记录器提高能效
林业碳汇	AR-CM-001-V01	碳汇造林项目方法学
	AR-CM-003-V01	森林经营碳汇项目方法学

资料来源：中国自愿减排交易信息平台。

铁路努力减少自身碳排放，力争达到碳中和目标。基于条件限制，对于无法减排的部分，将利用碳抵消机制进行中和。通过森林碳汇及其他基于自然的解决方案，适时开发合格的碳抵消项目，用于抵消剩余碳排放量。对于抵消减排后的剩余碳排放量，通过购买合格的碳信用产品进行中和，实现碳中和。

5.2.3　增加碳汇和有效管理碳资产

5.2.3.1　增加铁路碳汇

通过采用新技术，进一步拓展铁路路基边坡区域和支挡结构范围的绿化空间，积极吸收林业部门在碳汇能力方面的研究成果，通过植物品种的选择和配置等方面的优化，全面提升铁路绿化建设的碳汇能力。如通过采用三维生态护坡技术提升路基边坡防护效果，通过采用植物遮挡技术、爬藤覆盖技术和立体绿化技术等提升支挡结构绿化景观效果，不断提高铁路绿化质量和碳汇水平。

路基边坡绿化遵循"灌草结合、矮灌为主""近自然化"的理念，将植物防护与工程防护相结合。根据不同的边坡类型及岩土性质，采用灌草护坡、植生袋灌草护坡及喷混植生等对应的绿化形式，借鉴自然植物群落结构特点，以乡土植物为主，构建可持续的人工植被群落。

在人烟稀少地区，铁路绿色通道设计应以生态恢复为主，模拟沿线自然植被群落特征进行植物配置，减少对原有生态系统的干扰，保护生物多样性。防止、减缓物种入侵、植被退化、景观多样性被破坏等不可逆风险问题的发生及不良影响，提高植被存活率及绿化效果。

5.2.3.2 有效经营管理铁路企业碳资产

铁路企业进行碳资产管理具有社会和经济效益。一方面，碳资产的开发将促进铁路企业节能减排，通过技术进步挖掘节能潜力；另一方面，通过技术进步和革新提高能源利用效率，盈余的碳排放使企业获得收益。

铁路企业可研发建立碳排放管理信息化系统，配备碳排放监测装置，形成铁路部门的温室气体统计、核算和管理体系。在组织架构上，设立碳排放权交易专门机构，统一管理碳盘查、交易、履约、碳资产开发等事宜。在制度管理上，编制铁路运输企业温室气体排放统计管理规定、配额履约及交易规定、自愿减排项目开发规定等。完善碳会计信息披露制度，建立碳绩效评估指标，为资本市场投资者提供铁路低碳信息。鼓励铁路企业参与交通运输碳金融产品交易，尝试多种市场减排产品。在人员配备上，建立碳交易人才培养机制，不定期开展铁路碳交易机制建设、运行和管理等专题培训，建设铁路碳交易专业人才队伍和铁路碳交易专家库，增强铁路行业对碳排放控制及碳资产管理的认识，进一步提升绿色低碳能力。

5.2.3.3 推广碳普惠制

碳普惠制是近年来国内低碳发展领域提出的一项重要工作创新，旨在构建引领和激励公众践行低碳行为的正向引导机制。作为环境权益惠及公众的具体表现，碳普惠制主要以公众个人为制度设计对象。具体而言，碳普惠制是通过量化公众低碳行为产生的碳减排效益，给予其相应的碳积分，并允许公众用碳积分在碳普惠平台上换取普惠产品、商业优惠、公共服务等，使碳积分在个人、企业间流通，将低碳行为与生产、消费链接的业态。此外，部分省市在碳普惠制实践中还探索了基于项目的碳普惠模式，如广东、北京将公众分散、微量的碳减排量以碳普惠减排项目形式进行整合打包后，将整个项目的碳减排量用于大型活动碳中和或碳交易市场履约，不仅拓展了碳普惠的功能价值，也增加了碳普惠运营资金的来源。部分地区碳普惠制建设情况见表 5.3。

表 5.3 部分地区碳普惠制建设情况

地区	核心要素			
	普惠领域选择类型	行为数据采集方式	积分核算发放方式	普惠激励落实方式
广东	出行、社区、消费、景区	资源对接和自主采集	5 项方法学	实物、公共服务、公益
武汉	出行、社区、消费	资源对接	直接发放	实物、公共服务
北京	出行	自主采集	1 项方法学	实物、公益
南京	出行	资源对接	直接发放	实物、公益
成都	出行、消费、景区、社区	资源对接和自主采集	6 项方法学	实物、公益

地区	支撑要素			
	制度标准	资金保障	系统平台	运营团队
广东	实施方案 + 管理办法 + 方法学	主要：财政拨款 补充：社会资本 少数：公益捐赠	web 端 + 移动端	单一机构
武汉	未出台		移动端	联合体
北京	未出台		移动端	联合体
南京	未出台		移动端	联合体
成都	指导意见 + 管理办法 + 技术标准		web 端 + 手机端	单一机构

从国内组织开展碳普惠制试点情况看，碳普惠制的核心要素主要包括四个方面：一是选择适于碳普惠机制推广应用的领域；二是设计简便易行的公众低碳行为数据采集方式；三是建立兼顾科学性、操作性的低碳行为减碳量、碳积分核算规则；四是建立与商业机构、公共政策、碳交易机制结合的多维度普惠激励实现方式。为实现核心要素的持续、顺畅运行，还需要有制度规范、资金保障、系统平台、运营团队四大支撑要素，由此构成碳普惠制的体系框架。

尽管自 2015 年起，以广东、北京、武汉为代表的部分地区就已经启动碳普惠制度试点示范，但从总体上看，目前国内碳普惠制仍处于探索阶段，尚未形成可持续的、成熟的运营模式，国家层面也并未出台有关的规范性文件，多数地方推进碳普惠制的方式还是项目级别的区域性、小范围的试点示范。

依据碳普惠机制核心要素确立铁路碳普惠减排场景。铁路旅客出行活动包括三方面：利用铁路出行、购票及取票、在车站以及车厢内的消费活动。针对上述环节，分别识别乘客可实施的减排活动，并分别分析其减排效益及可行性。以城际铁路为主，引导铁路旅客选择低碳出行方式。此外，以铁路企业员工为普惠对象，自上而下建立激励机制，倡导员工践行低碳办公行为。提升员工减碳意识，鼓励员工低碳办公、低碳出行，充分调动和鼓励员工参与铁路碳减排工作。

从目前的碳普惠实践现状看，铁路推动碳普惠试点示范在低碳出行的应用可以通过以下办法实行。一是落实资金保障，在试点示范初期需要提供足够的资金满足公众碳积分兑换需求，用于激励低碳行为的普惠资金由政府财政资金支持，也可以吸引社会资本投入；二是推动可持续的运营方式，组建长期运营的专业团队，探索实践建立市场化的碳普惠制；三是加大公众宣传，鼓励民众主动选择更为低碳的高铁或城际、市域铁路运输模式，通过普惠机制内部的运作，以达到正向循环的效果。

5.2.4 发展低碳金融

5.2.4.1 我国低碳金融的现状

低碳金融是我国"双碳"目标政策框架里的一个重要组成部分，协同产业政策、消费政策、税收政策、碳市场的交易，低碳金融在推动实现"双碳"目标中具有重要作用。

2018年，中国基金业协会发布了《绿色投资指引（试行）》，鼓励公募、私募股权基金践行环境、社会和治理（简称"ESG"）投资，发布自评估报告。2020年，证监会修订《证券公司分类监管规定》，鼓励证券公司参与绿色低碳转型，对支持绿色债券发行取得良好效果的证券公司给予加分。2021年4月22日，中国人民银行、发展改革委、证监会印发《绿色债券支持项目目录（2021年版）》，首次统一了绿色债券相关管理部门对绿色项目的界定标准。2022年5月25日，财政部印发了《财政支持做好碳达峰碳中和工作的意见》，充分发挥包括国家绿色发展基金在内的现有政府投资基金的引导作用，鼓励社会资本以市场化方式设立绿色低碳产业投资基金。2022年5月27日，国务院国资委公布《提高央企控股上市公司质量工作方案》，推动更多央企控股上市公司披露ESG专项报告，力争到2023年相关专项报告披露全覆盖。

与国际实践相比，我国资本市场的绿色化程度还不高，金融、财政、环保等双碳金融支持政策和相关法律法规的配套体系不健全，具体细则规划不足。现阶段，我国的绿色金融产品主要以绿色信贷和绿色债券为主，碳金融交易市场刚刚起步,规模仍然有限,碳中和相关绿色金融产品创新不足。根据基金业协会的统计,我国目前在协会注册的各类绿色主题基金共有700多只,但绝大部分投资于绿色上市公司和使用成熟技术的绿色项目,涉足绿色技术创新的基金数量还不多。专业化绿色PE/VC基金管理机构参与度较低是现阶段绿色技术投资的一个瓶颈。资本市场为绿色企业和项目融资的潜力还未得到充分发挥。

5.2.4.2 铁路利用低碳金融

低碳金融将支持铁路进一步碳减排。金融政策方面,依托2016年七部委出台的《关于构建低碳金融指导意见》,以及2021年生态环境部等多部门出台的《碳排放权交易管理办法(试行)》《关于促进应对气候变化投融资的指导意见》;中国人民银行也将在政策框架中全面纳入气候变化因素;银保监会正在研究完善低碳金融相关政策措施,规范创新低碳金融产品和服务。金融机制方面,促进铁路部门碳达峰碳中和,需要建立投资产业目录,研究建立相关低碳金融产品和服务支撑性标准体系和实施保障机制,以及试点示范投资项目库等。金融市场方面,中国目前是全球最大的低碳金融市场之一,碳中和背景下我国低碳金融将迎来新的发展机遇。低碳贷款方面,目前我国达到12万亿元,位居全球第一。低碳债券的存量债券也超过了8100亿元,位居全球第二。未来还要发展低碳股权投资,数据显示,ESG投资占全球总投资资产超过30%,我国未来也将在此方向上继续发展。电气化铁路等低碳交通项目蕴藏着大量的投资机会,对金融服务的要求也将更加个性化和多元化,在低碳信贷金融产品的良好基础上,各大商业银行也将进一步创新更多低碳、气候信贷产品,提供丰富、多元化的融资工具、金融服务产品,促进金融与绿色交通融合发展。

5.2.5 实施合同能源管理

合同能源管理(Energy Performance Contracting,EPC)是一种节能服务合约机制,即节能服务企业与生产用能企业以契约形式约定节能项目的经济效益和节能目标,节能服务企业为实现节能目标向用能企业提供必要的服务,用能企业以未来节能效益支付节能服务企业的投入及其合理利润,允许企业用未来的节能收益来提高现有的生产力水平,降低企业的运行成本。依据《国务院办公厅转发发展改革委等部门关于加快推行合同能源管理促进节能服务产业发展意见的通知》《中国铁路总公司节约能源管理办法》《中国国家铁路集团有限公司合同能源管理办法》等文件的要求,鼓励铁路各用能单位采用合同能源管理模式开展节能技术改造。合同能源管理模式如图5.1所示。

图 5.1 合同能源管理模式

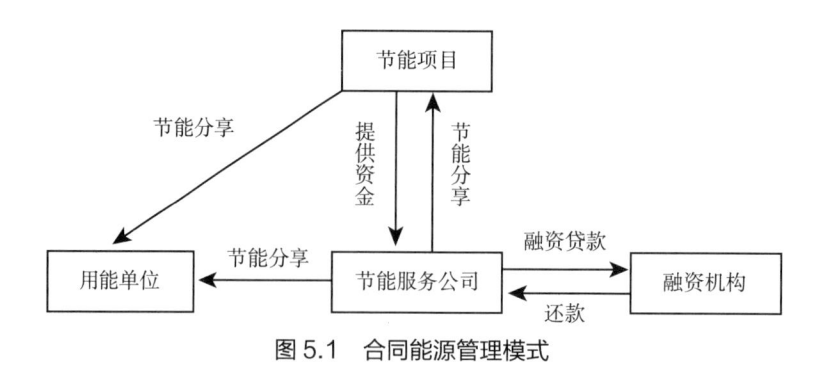

铁路企业通过与节能服务企业开展合作，加快铁路车辆和车站节能技术改造，加强能源使用管理，降低运营成本，提高能源利用效率，对实现铁路低碳、可持续发展目标具有重要意义。为更好实施合同能源管理，应从以下几方面开展工作。

5.2.5.1 完善节能量认定及能源计量器具配备

完善的能源计量器具配备、准确的能耗基准数据是合同能源管理项目顺利实施的基础。铁路运输企业特别是客运车站能源消耗影响因素较多，合理确定能耗基准，才能更准确地反映节能改造节能量，进而推动用能单位和节能服务公司节能效益分配更合理。另外，还需在后期引入第三方审核机构测量确定节能量。

5.2.5.2 选择合适的合同能源管理模式

在选择合同能源管理模式时，应充分考虑车站规模、能源消耗量的大小、能源品种及节能改造项目复杂性等因素，对能源品种单一、有明确的节能改造方向且宜采用节能效益分享型[①]；对采用综合节能措施的或无突出改造项目者，宜采用节能量保证型[②] 或能源费用托管型[③]。

5.2.5.3 建立合同能源管理财政激励办法

为提高铁路各级单位实施合同能源管理的主动性和积极性，各铁路企业应建立实施合同能源管理激励机制，在财务、节能指标计划管理方面给予支持，促进合同能源管理在铁路运输企业全面开展。

专栏 5.1：合同能源管理

目前，合同能源管理项目已经在铁路运输企业节能技术改造方面得到应用。

---

① 节能效益分享型是指在项目期内用户和节能服务公司双方分享节能效益的合同类型。
② 节能量保证型是指用户投资，节能服务公司向用户提供节能服务并承诺保证项目节能效益的合同类型。
③ 能源费用托管型是指用户委托节能服务公司出资进行能源系统的节能改造和运行管理，并按照双方约定将该能源系统的能源费用交节能服务公司管理，系统节约的能源费用归节能服务公司的合同类型。

(1) 天津西站

天津西站建筑体量较大，设备数量多且分散，与全国多数既有大型站房一样存在能耗大并呈逐年增长趋势的问题。天津西站与节能服务企业签订了合同能源管理合同，车站房建部门与第三方管理人员随时就设备运行策略、候车环境温度、照度等进行沟通，根据车站机电设备运行特点和全站用能结构，天津西站对其冷热源站、现场空调、（智能）照明、电梯、屋面融雪等进行节能自动化改造，并建设了节能中控中心、能源管理系统综合管控主要用电系统。2020年6月，天津西站合同能源管理项目正式投入运行，卓有成效地实现了达标运行和节能效益。投运第一年，天津西站累计节电675万度，同时在保证环境舒适度的前提下，显著提高了全站机电系统运行效率。节能系统运行安全、稳定、可靠，界面直观、人机交互良好，操作方便，具有很高的自动化程度，不仅减轻了管理工程师的工作强度，也提升了机电系统的安全性。合同能源管理设备使用寿命15～20年，合作期满后的节能收益全部归车站所得。按目前车站机电设备状况、运行模式，在节能系统使用寿命内，车站有望获得较好的经济收益。

(2) 青岛北站

青岛北站是青岛站管辖的客运一等站，共设18条到发线，站房总面积6.9万平方米，设计最高聚集旅客数8000人。青岛北站于2014年投入运营，在青荣城际、济青高铁陆续开通以后，衔接六个方向，现已成为青岛市重要的交通枢纽。2020年7月，青岛北站合同能源管理项目得到立项批复并开始实施，通过招标形式确认节能服务公司，节能服务公司出具设计方案并审查后由青岛站牵头组织签订三方合同，项目合同报集团合同主管部门审查，最终确定按照效益分享的方式作为合同能源管理类型，最高分享年限为10年，且节能率不低于每年20%。项目改造内容主要涉及制冷采暖、照明灯具以及相关功能要求三个方面，具体包括高效制冷机房建设、高效采暖系统升级改造、楼宇控制系统及照明灯具节能改造等工程。青岛北站节能改造项目具有较大的节能空间，且能够大幅度降低运营成本，具有较好的经济、环境和社会效益。

5.3 加强政策支持

5.3.1 完善运输结构调整政策

交通运输结构不合理的主要表象之一是公路承担了过多的大宗货物运输。调整交通运输结构，引导货运由公路转向铁路，可使主要污染物排放总量大幅减少，生态环境质量总体改善，绿色发展水平明显提高。

2018年以来，铁路全力推进散改集和北方主要港口煤炭、矿石运输"公转铁"。按照"一港一策、一企一策"原则，与当地政府和港口等企业共同制定

"公转铁"方案，将汽运煤炭集港改由铁路运输。同时，严格限制公路铁矿石疏港量，疏港矿石铁路运输比重由2017年的28.8%提升至2020年的42.0%。此外，部分地方政府也对辖区内冶炼、制造企业的铁路运输量设定了量化考核指标，鼓励相关企业使用铁路运输。运输结构调整取得明显成效，铁路对我国经济发展和节能低碳的贡献率不断提升。

为进一步优化运输结构调整，推进"公转铁"和多式联运发展，可研究制定以下具体政策措施：

（1）相关激励政策

包括鼓励公路货物运输向铁路和水运转移，提高铁路和水运集装箱运输的市场份额；鼓励散堆装货物入箱运输，提高全社会集装化运输比例；设立多式联运场站公路集疏运绿色通道，对组合运输卡车实行税费减免。

（2）规则和规范类

重点是多式联运规则，包括多式联运中的货物组织与管理；托运人、承运人、多式联运经营人各自的权利、义务和责任；运输单证规范和法律效力；定价机制和违约处理等。

（3）场站和运载装备标准

包括多式联运转运节点布局及建设标准；集装箱、专用车辆、装吊设施标准；相关路、桥、隧（涵）建设标准；多式联运信息化建设标准等。

（4）相关限制和监督政策

加强碳排放考核；加强城市区域的环境监测和道路运输环境污染检查，对重点道路收取环境污染费等。

（5）相关补贴性政策

包括对标准的现代多式联运场站建设给予财政补贴；对重点的海铁联运、国际联运集装箱班列在运行初期给予必要的财政补贴等。

5.3.2 制定交通行业污染排放与碳排放税收政策

用户使用各种运输方式的实际支出是影响用户选择行为的重要因素，而政府可以通过价格与税收措施影响该支出，进而影响用户对运输方式的选择。所以，价格与税收措施是支持运输结构调整的重要政策手段。

从国外的经验看，最基本的价格措施是取消对使用含碳燃料的支持。例如，2015年，印度尼西亚将柴油和汽油补贴削减了80%，节约了约200亿美元，可以用于改善铁路运输服务等工作，从而为引导运输方式转移、减少碳排放提供了有力支撑。此外，碳定价机制也是助力运输结构调整的有力措施。碳定价机制有两种实施策略：碳排放交易系统和碳税。碳排放交易系统为排放设定了一个基准或上限，并为碳排放权的交易创造了一个市场。碳税针对温室气体排放，通常在化石燃料的销售环节征收。截至2022年，60多个国家和地区实施了碳定价机制以阻止温室气体排放，其中约一半是碳排放交易系统，另一半是碳税。这些机制中大约有三分之一适用于运输行业。

显然，将外部成本内部化可以鼓励货物运输由公路转向铁路。然而，有些情况下该措施在实施的时候是困难的。为此，一些国家采取了变通的方式，其政策不是针对公路运输征税，而是对铁路运输和水路运输提供财政支持。英国的"方式转移支持计划（MSRS）"就是这样一个案例。该计划使铁路在主要集装箱港口的份额有所提升，有些主要通道上铁路份额甚至已经达到了50%。

专栏5.2：英国的方式转移支持案例

英国的方式转移支持计划旨在为选择铁路或水路运输替代公路运输的企业提供帮助，从而促使运输结构调整。在过去5年里，该计划为10家不同的公司提供了近1亿英镑的资金支持，帮助这些企业通过改变运输方式降低运输过程的负外部性。在2018—2019财年，方式转移支持计划对铁路参与联合运输的约90万个集装箱给予了补贴，补贴总额1600万英镑，平均每个集装箱约18英镑。此外，苏格兰和威尔士还提供运输装备补贴，用以补偿铁路和水路运输装卸设备的投资。

根据现行《中华人民共和国环境保护税法》，在中华人民共和国领域和中华人民共和国管辖的其他海域，直接向环境排放应税污染物的企事业单位和其他生产经营者为环境保护税的纳税人，应当依法缴纳环境保护税，其中应税空气污染物包括二氧化硫、氮氧化物、一氧化碳等44种气体。对机动车、铁路机车、非道路移动机械、船舶和航空器等流动污染源排放应税污染物的情形暂予免征环境保护税，即现行法律暂未要求对交通行业征收环境保护税。交通行业环境保护税的缺失使当前公铁运输费用的比价关系未能体现铁路在环保方面的优势，致使公铁货物运输的市场份额不合理，公路承担了较多的货运工作量，产生了大量空气污染物。从国际上看，欧洲一些国家非常重视交通领域的环保问题，通过遵循"谁使用谁付费，谁污染谁付费"的原则，建立了可以反映外部成本的道路使用收费机制，包括征收重车税、道路使用费、柴油税等。发达国家的经验证明，征税是可以用来调节交通行业空气污染物排放的政策手段之一。因此，我国也可以借鉴欧洲国家经验，通过征税的手段将交通负外部成本内部化，进而优化公铁比价，调整运输结构，减少交通行业污染物排放。

因此，未来我国有关部门可加快研究针对交通行业征收环境保护税的政策以及实施细则。在确定计税基础时，由于目前难以精确核算公路运输的工作量以及应税污染物的排放量，可根据燃油消耗和应税污染物排放量的对应关系制定相应税费政策。

5.3.3 建立铁路低碳专项资金补偿机制

为落实交通运输行业"双碳"战略，需要加快运输结构调整，让铁路承担更多运输任务。因此，未来需在主要运输通道能力加强、集疏运体系完善、铁水联运工程建设、电气化改造、场站设施强化等基建方面投入大量资金。一是为承接公路转移而来的货流而开展的通道能力补短板工程，必要的支专线建设，线路、站场扩能改造，设施设备购置、更新等；二是为进一步提高电气化率以及电力牵引工作量比重而开展的既有线路电气化改造，电力机车购置以及检修运行设施设备配置等。从铁路自身经营的角度，部分建设、扩能以及电气化项目未必是对铁路盈利最优的项目，但是出于落实国家运输结构调整战略、推动交通运输行业绿色低碳化发展的角度，此类项目仍需要大力推动。铁路企业正在推动市场化改革，担负着较大的经营压力。因此，需要研究铁路低碳资金支持政策，对铁路企业因落实节能降碳战略而承担的建设和运营成本予以适当补偿，以有利于铁路企业的可持续发展。

5.4 本章小结

本章从提高运输结构调整承接能力、推进市场化机制、完善政策支持等方面阐述了铁路低碳发展支撑保障能力建设相关工作。提高运输结构调整承接能力方面，从路网布局优化和点线扩能改造两个方面阐述了铁路进一步提升承接能力的工作思路。推进市场化机制方面，重点阐述了我国铁路目前正在积极探索的工作，包括参与碳交易市场、增加碳汇和有效管理碳资产、低碳金融和合同能源管理等方面。加强政策支持方面，从完善运输结构调整政策、制定交通行业污染与碳排放税收政策、建立铁路低碳专项资金补偿机制方面阐述了相关措施。

参考文献

[1] 翁振松. 交通环保政策量化分析与公铁货运市场份额研究[R]. 北京：中国铁路经济规划研究院有限公司，2021.

［2］Martha Lawrence，Richard Bullock．The Role of Rail in Decarbonizing Transport in Developing Countries［R］．Washington DC：The World Bank，2022．

［3］生态环境部．中方提交《中国落实国家自主贡献目标进展报告（2022）》［EB/OL］．（2022-11-11）［2023-01-06］．https：//www.mee.gov.cn/ywgz/ydqhbh/qhbhlf/202211/t20221111_1004576.shtml．

［4］国家能源局．国家能源局举行新闻发布会 发布2021年可再生能源并网运行情况等并答问［EB/OL］．（2020-12-31）［2023-01-06］．http：//www.gov.cn/xinwen/2022-01/29/content_5671076.htm．

［5］彭其渊，王慈光．铁路行车组织（第二版）［M］．北京：中国铁道出版社，2019．

［6］曹孙喆．铁路运输企业参与碳交易市场现状分析及对策［J］．铁路节能环保与安全卫生，2019，9（4）：15-19．

［7］生态环境部．碳排放权交易管理办法（试行）［EB/OL］．（2022-01-19）［2023-01-06］．http：//www.gov.cn/zhengce/zhengceku/2021-01/06/content_5577360.htm．

［8］生态环境部国家发展和改革委员会，中国人民银行，中国银行保险监督管理委员会，中国证券监督管理委员会．关于促进应对气候变化投融资的指导意见［EB/OL］．（2020-10-21）［2023-01-06］．https：//www.mee.gov.cn/xxgk2018/xxgk/xxgk03/202010/t20201026_804792.html．

［9］国务院办公厅．国务院办公厅转发发展改革委等部门关于加快推行合同能源管理促进节能服务产业发展意见的通知［EB/OL］．（2010-04-02）［2023-01-06］．http：//www.gov.cn/govweb/gongbao/content/2010/content_1585428.htm．

［10］中国证券投资基金业协会．绿色投资指引（试行）［EB/OL］．（2018-11-10）［2023-01-06］．https：//www.amac.org.cn/industrydynamics/guoNeiJiaoLiuDongTai/jjhywhjs/esg/202001/t20200120_6462.html．

［11］中国人民银行，发展改革委，证监会．绿色债券支持项目目录（2021年版）［EB/OL］．（2021-04-02）［2023-01-06］．http：//www.csrc.gov.cn/csrc/c100028/c7bbfcac42e6b4c788df67b24c3881611/content.shtml．

［12］财政部．财政支持做好碳达峰碳中和工作的意见［EB/OL］．（2022-05-25）［2023-01-06］．http：//www.gov.cn/zhengce/zhengceku/2022-05/31/content_5693162.htm．

［13］曹孙喆．铁路旅客运输推行碳普惠制的思考［J］．交通节能与环保，2021，17（5）：22-26．

［14］刘航．碳普惠制：理论分析、经验借鉴与框架设计［J］．中国特色社会主义研究，2018（5）：86-94，112．

［15］建筑领域在中国碳市场抵消机制中前景研究［R/OL］．（2015-04）［2020-06-04］http：//ets-china.org/wp-content/uploads/2015/04/offsetting_building_ZH.pdf．

第6章 铁路低碳发展展望

铁路是交通低碳发展的先行官和"火车头"。在推进中国式现代化和交通强国进程中，铁路将在绿色交通运输体系建设中发挥更有成效、更加突出的作用。铁路低碳发展前景令人期待。

6.1 低碳铁路设施展望

虽然我国已拥有世界电气化水平最高的铁路设施网络，但随着碳达峰碳中和目标的实施以及新能源技术的突破应用，展望未来，铁路设施将在更广领域和更深层次实现低碳发展并真正迎来全面低碳铁路时代。未来，铁路网规模和结构将全面适应不断变化的运输需求，基础设施实现智慧升级，绿色低碳技术广泛应用，低碳铁路设施规模和质量世界领先。

6.1.1 建成绿色高效的铁路网络

通过持续推进铁路低碳化建设，铁路现代化、绿色化水平将达到世界领先水平，形成以干线铁路、城际铁路和市域（郊）铁路和城市轨道交通为骨干、其他交通方式紧密衔接的大容量、集约化便捷轨道客运系统和以铁路为骨干的绿色低碳货运网络体系。铁路运能将得到充分挖掘，适铁货运需求得到充分保障，大型工矿企业、物流园区、港区铁路专用线得到普及，重载运输、多式联运得到大力推广，铁路网络基本实现清洁能源牵引，铁路绿色出行份额位居世界前列，铁路货运市场份额大幅增加，运输结构不断优化，铁路在全社会节能降耗中的作用更加突出。

6.1.2 建成绿色高效的铁路综合枢纽

通过持续推进枢纽低碳化建设，铁路客运枢纽将基本实现"零换乘"，形成便捷智慧、集约高效、平安绿色、站城融合的客运综合体，能源智能管控广泛应用，引导旅客绿色低碳出行；铁路货运枢纽将基本实现"无缝化"，形成以铁路物流基地为中心、与其他交通方式无缝衔接、与产业布局相协调的物流综合体，数智化水平升级迭代，助力铁路物流绿色低碳化发展。

6.1.3 建成绿色节能铁路场站

通过大力推广使用能源智能管控系统，积极引入光伏发电、智慧照明等新能源技术，优化能源结构，形成以绿色能源为主的绿色铁路场站。基本实现铁路场站智能化升级改造，建立集智能装卸、智能仓储、智慧调度、智慧管理的场站智能作业管理及运营维护技术体系，提高场站作业效率，降低单位能耗，实现铁路场站绿色化智能化水平世界领先。

6.2 低碳铁路装备展望

随着科技强国的建成，铁路科技创新能力和水平将大幅跃升。展望未来，铁路低碳装备关键核心技术将实现自主可控和世界领先，铁路运载工具将广泛实现清洁能源牵引，低碳智能装备将引领智慧铁路发展，铁路装备自主创新能力和产业链现代化水平跃居世界前列。

6.2.1 绿色装备规模大幅提高

通过采用更环保的绿色能源和先进技术，不断推行铁路绿色装备应用，绿色机车车辆和作业机具等保有量将大幅提升，内燃机车和作业机具被逐步有序替换，绿色铁路运输设备占比不断提高，铁路绿色技术装备世界领先，装备技术体系更加完善，有效支撑铁路"双碳"战略目标。建成大批充电站、维修基地等后勤保障配套设施，保障电气化装备充分发挥出应有的优势。

6.2.2 牵引供电装备全面升级

通过持续创新牵引供电技术，铁路牵引供电能耗大幅降低，节能降耗技术水平世界领先。铁路将建成新一代智能牵引变电和智能供电调度系统，推广全无人值守变电所，新型供电系统数字化测量、辅助监控技术及广域网络测控装备技术得到广泛应用，高速铁路接触网线材性能和系统匹配技术全面升级，用电效率大幅提升，电能损耗大幅降低。

6.2.3 高效智能移动装备广泛应用

通过将智能技术全面引入铁路装备，高效智能移动装备技术体系将不断完善，铁路装备智慧化水平位居世界前列。5G、区块链、物联网、云计算、大数据、人工智能、北斗卫星等先进技术与铁路深度融合，打造出基于车载数据存储计算中心、量子数据通信网络、地面云存储计算中心、车载燃料电池氢能源的智能动车组技术支撑平台，智能型动车组功能得到进一步优化，动车组的能源利用效率得到全面提升。列车自动驾驶领域技术难题得到突破，自动驾驶系统功能进一步丰富和完善，铁路运输作业全面自主操控、无人化基本实现，列车能效水平和运输效率全面提升。

6.3 低碳铁路经营展望

随着铁路设施和装备全面迈向低碳化，铁路运营低碳化也将取得显著成效，铁路在综合交通运输中的结构和作用将总体适应"零碳"交通发展，铁路的运营速度和安全性不断提高，铁路运输组织效率大幅提升，运输服务水平处于世界领先地位。

6.3.1 低碳高效的综合交通运输体系全面建成

通过用能结构优化和绿色能源替代，以铁路为核心的低碳高效综合交通运输体系全面建成。客运方面，建成都市圈1小时通勤、城市群2小时通达、相邻城市3小时畅行的铁路出行圈的全覆盖，铁路客运骨干作用突出，客运市场份额进一步提升；货运方面，实现1000千米以内1日达、2000千米以内2日达、2000千米以上3日达的铁路快运物流圈的全覆盖，铁路在500千米以上大宗货物运输骨干作用更加突出，铁路集装箱运输辐射范围明显扩大，多式联运产品遍布全国，货运市场份额持续增长，低碳高效的综合交通运输体系全面建成。

6.3.2 运输组织技术水平显著提高

通过运输组织优化革新，铁路运输组织技术水平显著提高，运输组织效率世界领先。大数据资源和技术在铁路运输领域得到充分运用，列车开行方案实现动态调整，列车编组计划实现全网动态优化，运输供给与需求实现精准匹配，直达列车开行占据主导地位，货物列车空驶率大幅降低，运输单位能耗明显降低，能效水平得到显著提高。

6.3.3 运输经营水平全面增强

通过深化客运服务提质升级，健全客运服务标准体系，形成更加灵活的票价市场化浮动机制，推广定期票、计次票等新型票制，铁路客运经营水平不断提升。通过推进货运组织流程再造，重载化、快捷化、班列化、点对点高效货运组织模式以及专业化、定制化、网络化、门到门全程物流服务方式成为常态，形成集疏快捷高效、信息互联共享、装备标准统一、服务一体协同、票据一单到底、配套政策支撑、全程物畅其流的多式联运体系，铁路货运经营水平全面升级。

6.4 本章小结

本章立足我国铁路现状，结合当前新技术、新理念的发展，对标铁路低碳发展的主要目标和实施路径从不同角度展望了我国铁路低碳发展的前景。低碳铁路设施方面，包括绿色高效的铁路网络、绿色高效的铁路综合枢纽和绿色节能铁路场站等；低碳铁路装备方面，包括绿色装备、牵引供电装备、高效智能移动装备等；低碳铁路运营方面，包括低碳高效的综合交通运输体系、运输组织技术水平、运输经营水平等。未来，铁路将更环保、更高效和更智能化，在我国绿色低碳综合交通体系建设和经济社会可持续发展中发挥更大作用。

参考文献

[1] 中共中央 国务院. 交通强国建设纲要[Z]. 2019.

[2] 中共中央 国务院. 国家综合立体交通网规划纲要[Z]. 2021.

[3] 中国交通低碳转型发展战略与路径研究课题组. 中国交通低碳转型发展战略与路径研究[M]. 北京：人民交通出版社，2021.

[4] 黄民. 新时代交通强国铁路先行战略研究[M]. 北京：中国铁道出版社，2020.